# 金融叙事观

## 从资本逻辑到人文逻辑

王 权◎著

## Financial Narrative View
### From Capital Logic to Humanistic Logic

西南财经大学出版社
Southwestern University of Finance & Economics Press

中国·成都

图书在版编目(CIP)数据

金融叙事观:从资本逻辑到人文逻辑/王权著.
成都:西南财经大学出版社,2025.8.--ISBN 978-7-5504-6851-1

Ⅰ.F830

中国国家版本馆 CIP 数据核字第 2025QF3780 号

**金融叙事观:从资本逻辑到人文逻辑**
JINRONG XUSHI GUAN:CONG ZIBEN LUOJI DAO RENWEN LUOJI

王 权 著

策划编辑:何春梅　李思嘉
责任编辑:李思嘉
责任校对:邓嘉玲
封面设计:书点文化　墨创文化
责任印制:朱曼丽

| | |
|---|---|
| 出版发行 | 西南财经大学出版社(四川省成都市光华村街 55 号) |
| 网　　址 | http://cbs.swufe.edu.cn |
| 电子邮件 | bookcj@swufe.edu.cn |
| 邮政编码 | 610074 |
| 电　　话 | 028-87353785 |
| 照　　排 | 四川胜翔数码印务设计有限公司 |
| 印　　刷 | 成都国图广告印务有限公司 |
| 成品尺寸 | 145 mm×210 mm |
| 印　　张 | 9.75 |
| 字　　数 | 221 千字 |
| 版　　次 | 2025 年 8 月第 1 版 |
| 印　　次 | 2025 年 8 月第 1 次印刷 |
| 书　　号 | ISBN 978-7-5504-6851-1 |
| 定　　价 | 78.00 元 |

在加快构建中国特色现代金融体系的过程中，如何总结过往几十年来中国金融改革与发展所取得的巨大成就，讲好金融故事，形成具有中国特色的金融文化是一项重大课题。王权的著作对金融叙事观做了系统的阐述，在架起金融与人文科学相通的桥梁中做了有意义的探索，值得学习。

——洪崎（中国民生银行原董事长，中华全国工商业联合会第十二届执行委员会常务委员）

王权的新书像一艘船，带领我们从具象的金融业务中抬头，驶向广阔的人文海洋，思想深邃、语言优美、情真意切。无论你是金融从业者、文学爱好者还是哲学追求者，都能够在这本书中找到无穷的启示和愉悦。

——管清友（经济学家，如是金融研究院院长，中国民营经济研究会副会长）

我在《孟子开讲》里有两句话：国家的义，就是开拓人民的利；君子的义，就是维护他人的利。王权此书，很好地讲清了金融的义与利。

——鲍鹏山（浦江学堂创始人，央视"百家讲坛"主讲嘉宾）

救死扶伤是医者的义务与责任，我与患者有过大量对话回忆与复盘思考，王权从医学叙事中汲取养分，反观金融叙事，寻找心灵深处的共同价值，虽是理论著述，却有着文学笔触；虽是金融内容，却有着人文求索，仿佛在观看一台精彩绝伦的大戏。堪称独树一帜！对国家民族的发展进步也大有裨益！

——汪涛（北京大学教授，博士生导师，

北京大学第三医院主任医师）


这是王权推出的第二本专著，与他的另一本专著珠联璧合，也为我开拓了关于金融教育的新天地。人文视角下金融叙事观的确立不仅能够促进金融知识普及，提升公众金融素养，也能培育新时代高素质金融人才，对推动金融稳定发展具有重要意义。

——胡耀宗（华东师范大学教育管理学系主任，

教授，博士生导师）

# 作者简介

王权，青年经济学者、高级经济师。安徽宣城人，毕业于中国人民大学新闻学院，现供职中国人寿。2006年开始发表作品，在《中国证券报》《证券时报》《中国经济时报》《中国社会科学报》《中国自然资源报》《中国海洋石油报》《决策》《时代报告·报告文学》《商道》等多家媒体发表新闻报道、金融及能源评论等作品数百篇，在传媒核心期刊和学报发表论文二十余篇，在多家都市报发表散文、随笔、时评几十篇。多篇文章被《领导文萃》《党的生活》《作家文摘》《现代领导》《发展》等刊物转载。

长期致力于人文经济学、ESG投资、传统文化现代化的思考研究，曾获多个国家级奖项，创作《西湖情歌》《谷语》《爱在林间》《归程》等多首歌曲。著有《投资整体观：东西文明互鉴中的ESG》。

# 序
# 我们需要一种新的金融叙事观

长年从事金融工作总是需要在海量财经讯息中穿行，这种状态已经成为我生命画像的一部分，只有时刻保持对报刊或社交媒体上流行叙事的高度敏感，才能从世界经济的日升月落中感受社会变迁的脚步。

我们都生活在故事中，在故事的感染下选择了一种自己认为正确的人生轨迹。房地产的繁荣或萧条、股市的跌宕起伏、人工智能的勃兴……无论观点与我们相同或相左，都提供了观照和解释市场现象的一扇窗口，叙事中表现出的经济信心或市场恐慌，深深浅浅地影响着人们的情感、决策乃至整个经济社会的走向。

叙事真的很重要，它承担起统领人类思维方式与价值观的功能。假如没有现代技术条件下的大规模叙事，"零碳行动"或"责任投资"这样的概念还能深入人心吗？假如没有经济学家、金融机构和媒体工作者共同打造的叙事，仅仅依靠市场上参差不一的数据，我们还能在不确定的金融市场中寻找可能的区间吗？

诺贝尔经济学奖得主罗伯特·希勒在《叙事经济学》一书中对经济现象背后的叙事力量进行了重点阐述，开辟了一门容易被主流经济学理论忽略的新型学问。张磊在作序时说这本书"独辟蹊径地将叙事引入经济学领域，将过去依赖于抽象建模和数理统计的经济学还原到有温度、有感知的生活切片或历史场景中，让人们的言谈、议题和故事，成为解构经济现象的重要维度。"

的确，叙事给日常生活带来的风吹草动总是以各种场景形式存在于我们身边。产权配置的叙事如何影响经济绩效？CPI、PPI 的变化跟 GDP 或股票指数有哪些关联？某种叙事和经济指标之间存在怎样的因果联系？事实上，人们往往忽略了一个重要问题：在这个充斥真相与谎言的信息场中，哪些叙事是人类需要的，哪些是应该屏蔽或者压根就不该出现的？这让我们不得不面对一系列更深层的追问：人类究竟需要什么样的叙事？现有的叙事是不是正当的？

如果不能回答人类需要怎样的叙事，就不能从原初意义上建构叙事的思想体系，也就不能解答什么样的经济金融叙事才符合现代文明的价值与标准。青年经济学者王权站在人类关怀的视角，从金融领域纷繁复杂的故事中提纯凝练出以中华文化民本理念为依归的金融叙事观念，他的新作《金融叙事观：从资本逻辑到人文逻辑》就是这样一本可以用来解惑的书。

## 单向逐利：资本逻辑的局限

当炒房致富的故事铺天盖地时，做出房价上涨的预判似乎是理所当然的；当战争和萧条的故事甚嚣尘上时，投资黄金的冲动一点即燃……叙事确确实实会对经济行为和公共信念产生影响，每一则故事都会促使人的行为与其内心深处的价值观紧紧相连。

虽然希勒归纳了故事在推动重大经济事件上起到的作用，揭示了人的立场和视角如何影响其行动和决策，并深入分析了流行叙事对市场的影响途径，呼吁人们重视叙事的功能与价值，但忽视了对叙事正义性与叙事合理性的追问，并没有从根本上超越资本逻辑的支配，只是委身于这种逻辑之下开展叙事研究。

资本逻辑主导的叙事研究习惯采用量化模型，将人与人之间理解世界、理解彼此的心理感受层面的东西用定量指标加以表达，并作为金融研究的重要参数，通过大数据分析和机器学习制定相关策略，从根本上还是为了在市场中获得更多回报。

不可否认，故事的感染力有助于提升产品的市场占有率。但是在资本逐利逻辑的驱使下，随着时间推移，流行故事往往会呈现各种不同的版本，真真假假、莫衷一是。当这些故事如病毒般传播扩散时，可能会被无良商家利用，给经济带来负面后果，荒诞不经的故事也会深深影响着社会民众对金融机构的印象。

一方面，人们普遍以为金融行业内部，充满了各种富丽堂皇的工作空间与各色各样的高薪职位；另一方面，人们普遍以为社会上的P2P、消费信贷和不良资产，暴露出行业的隐秘性与欺骗性，以及在此基础上衍生而出的各种惊天大案，共同成为这个行业污名化的源头。这是许许多多金融故事"共业"的结果，金融俨然成为民众心中爱恨交加的殿堂。

这是金融叙事渲染下的行业误读，是对金融在国家经济活动中的作用以及与经济的相互关系缺乏深刻理解的表现。然而，叙事经济学更倾向于将学术目光投向如何让产品得到商业社会确认，如何为商家筛选出符合商业规律的行动策略，抑或帮助人们提高应对金融危机的能力，但忽视了对故事生产源头的追溯，我们应该遵循什么样的金融叙事理念，按照什么样的技术规范去讲述怎样的故事？

## 民本传统：人文逻辑的彰显

单一的财富增长叙事并不能阻击欲望的洪流对社会和自然的蚀坏。人类要想更长久地运行在这个宇宙中，必须超越希勒的研究边界往前回溯，追及更加本源也至关重要的东西。因此用什么方式讲述以及讲述什么成为王权这本新书探讨的重要话题。

某种角度上可以说，研究叙事对经济金融的影响是叙事已经发生后的环节，更多的是从叙事对资本市场的影响上来看待叙事，而王权研究的是这种影响发生之前，也就是叙事诞生的

环节，从源头上为叙事加上了一道过滤机制。通过筛选与沉
淀，我们可以看到更加符合人类美好夙愿的故事。

这就将希勒的思想体系往前推进了一大步，并不局限于研
究叙事对社会的影响，而是更加关注叙事背后的个体福祉与普
遍需求，认为财富增长的根本追求是服务人的全面发展，这就
为资本逻辑朝人文逻辑转向提供了理论基础。

第七章的"民本之道"一节中这样写道："如果金融业只
奉行丛林法则，以邻为壑、弱肉强食，最终每个参与者都将受
到伤害。为此，金融叙事必须回归民本理念，将金融为民的发
展理念真真切切地落到实处，如水之仁，善利万物，提升社会
的总体幸福感。"

只有王权执戟冲向风车，提出了一种人文视角下的"金
融叙事观"，站在民本立场，将资本逻辑主导的叙事引归到一
种更加符合人类天性与现代文明的轨道上来，让社会民众能够
在金融故事中更好地理解资本的良治与善治，对金融运行机制
产生更加深刻的价值认同。但愿金融界都能懂他，也能懂得中
华文化的初心和良心。

王权深入挖掘中国古典叙事中蕴含的对民生黎庶的关怀，
引用了《诗经》《乐府诗》等典籍中关于民生疾苦与财富分配
的诗性表述，认为宋元话本与明清小说中有许多内容体现了市
井经济中的义利之辨，认为中华文化复兴中的金融责任理当包
含民本之道与天下情怀，展现了全面审视金融使命与人类生存
的初衷。文辞富丽，念及弗远的字里行间有一种对人类文明进

程的深深忧虑。这种担忧在他的另一本著作《投资整体观：东西文明互鉴中的 ESG》中也能读出。

当市场上的大量金融机构一门心思醉心于收益攫取时，实务类的策略书显然更加受到追捧与青睐。正是在这样的大背景下，王权为我们提供了一本充满人文关怀的哲理书，一本耕耘在思想意识层面的启智书，用一种浑然天成的视角打开金融与文史哲的通道，将金融叙事与生命、世界以及价值紧密相连，这正是当下金融行业缺少而又应该珍视的东西。

金融叙事只有在财富增长与民本追求之间寻觅平衡，才能避免陷入单向度逐利的魔怔。金融机构只有发心为社会服务，才有存在与可持续发展的理由。王权用独特而深刻的妙笔，将自己在金融叙事领域的真实体验铭刻下来，让我们看到一个崭新的世界。

## 中国特色金融文化的丰富与阐发

虽然叙事经济学是希勒在 2017 年首次提出，但是叙事概念的出现却由来已久。医疗、教育、农业、工业等领域都存在着叙事研究，但是金融领域肯定是社会最敏感的神经。从货币起源到复杂的资本市场，金融贯穿了生产、消费和财富积累的各个环节，渗透在其他各个行业之中，深刻塑造了经济活动的结构和社会运转的方式。因此，对金融行业独特文化传统的发掘与阐扬尤为重要。

不可否认，西方古典经济学也有一定的人文精神内容，但这种人文内容不过是服务于资本增殖的合理化论证，体现为财富增长满足私人利益的资本生产积累，也成为现代金融理论和现代金融业运行的思想基础。

千百年来金融求利已成铁律，但是大利与小利的取舍，义与利的甄别更应当成为一种弥漫在金融领域的无形文化。王权的著作对这些做了充分阐释，将叙事视作一种历史、文化、时代精神与个体选择相结合的载体，通过对抽象金融的阐释、故事源流的追溯、影像美学的探究，将金融叙事领域的各种经验陈列出来，提炼出符合这个行业共同目标与追求的精神信仰。

《金融叙事观：从资本逻辑到人文逻辑》的出炉补益了叙事经济学在文化建构层面的不足，淡化了传统金融叙事对于数字工具过分倚重的倾向，深入挖掘神话、诗词、小说、戏剧、评书、能源等与金融故事的关联，激活了我们对于金融的未来想象，原来经济财富的增长可以与人文精神深度融合在一起。

王权的新闻传播科班背景以及多年穿行能源与金融行业耕耘纪实文学的实践使他比传统金融从业者更能够直面西方金融叙事的缺陷，提出基于中国经验的解决方案。他从叙事源头上查找问题，将文学、哲学、金融学、新闻传播学与中华文化融通，又引接西方现代文明通识，从人文视角架构起一套具有中国特色的金融叙事思想体系。

这种跨学科的"知识融通"，为我们提供了思考金融叙事实践的全新视野，金融叙事创新总是需要理论研究作为先导，只有从源头上对叙事观念进行正本清源，才能让每一则金融故事的出炉都是在秉承叙事正义与价值超越基础上达成的，在社会层面也更加具有启蒙意义与长远价值。

在具体写作层面，王权创造性地将金融行业与海洋石油工业进行对比，并在附录中援引了金融类和石油类的非虚构作品。他认为金融行业的抽象性不仅来源于金融概念，还包括复杂的金融产品以及单调的工作环境，毕竟写字楼内的耕耘，远远比不上海洋石油工业领域高高的钻塔和油龙奔腾那样的画面，但是资本的力量却又在时刻改变着实业，应当向实业叙事取经来补充金融叙事的单薄。

对金融叙事观的有益探索，可以丰富与阐发中国特色金融文化，为中国经济走向世界提供更加独特的文化依托，这也是构建金融话语权的题中应有之义。当你听到那些触动人心的故事时，那些共情的真实景致也会借着故事的微光照见你我，让我们寻找生而为人的共通之处。

## 多余的话

普罗大众、职业经济学家、金融政策制定者都是叙事的"当事人"。无论是由政府主导的政策叙事，还是社交媒体自发形成的消费叙事，都有可能从微观上塑造个体决策，从宏观上影响经济运行。

正如前文发出的一系列追问，倘若与普罗大众密切相关的金融领域不断滋生大量的非正当叙事呢？倘若这些形形色色的故事流窜到人类生活中呢？倘若某种叙事以牺牲公共利益为代价呢？这样的叙事研究除了能够为无良商家献上一柄侵蚀道德与良知的利剑，并不能从根本上促进社会的文明进步。

诚如书中所言，"只有当叙述者对经济生活有着独特的感受和体验，对经历的事物有着独特的发现和思考，才有可能创造出有吸引力的金融故事。如果我们不能抛开单纯追求物质效益最大化的一元思维，就无法真正重视金融人的本真需求与情感价值，就无法唤起人们对蛰伏在所有生命背后心灵世界或价值世界的觉察和共鸣，捕捉金融活动中那充满喜悦、悲伤、颓废或深情的真实面目"。

正因如此，阅读这本书的过程中，我有一种被汪洋恣肆的文字流电击后的幽微上瘾，这是文字与心的相遇，微麻、微醺却又沉醉其间，发酵化合。王权入木三分地描绘出这样一个实实在在嵌入经济金融领域，并与人类生活紧密攸关的大课题，就像一部让人看了还想再反反复复，一直观摩下去的"电影大片"，生活方式、人生信仰、东西方文化……全都涵盖在《金融叙事观：从资本逻辑到人文逻辑》的"视觉盛宴"中。

温情的笔调、历史的脉动、文化的沉浸……没有强迫与说教，却散漫出润心的力道，信手拈来的例证恰如其分地阐释了主题。人类之所以能够回忆走过的路，总是得益于经历的一个个故事构成的路标，引导我们回顾个人成长的独特历程。当然就像王权所说，"这并不是说讲好金融故事一定要从物理空间上近距离地表现金融及相关行业的人或事，而是要从心灵空间上零距离地关注金融行业每一位个体的生命体验、生命价值和生命真义，让金融叙事散发着人道主义精神"。

　　感谢王权自出机杼，用温情脉脉又蕴藉隽秀的文笔，领风气之先，在故纸堆中披星戴月，淘漉爬梳，从先贤智慧浇灌的枝头采撷滋养苍生的果实，若非一颗为国为民之心，断不会为之乐此不疲。于我而言，这种边叙边议，史论交融，情理并济的文风昭示着一种大爱情怀，字里行间有一种"善"的信仰在流淌，浸润到读者的六根中……

　　王权的新书像一艘船，带领我们从具象的金融业务中抬头，驶向广阔的人文海洋，思想深邃、语言优美、情真意切。无论你是金融从业者、文学爱好者还是哲学追求者，都能够在这本书中找到无穷的启示和愉悦。希望大家都来读一读。

**管清友**[1]

2025 年 4 月

---

[1]　管清友：经济学家，如是金融研究院院长，中国民营经济研究会副会长。

# 前言
# 金融叙事的人文回归与价值超越

　　我曾在卷帙浩繁的书海中搜罗叙事学的著述，发现聚焦"怎样讲好故事"的读物不胜枚举，但是专门评说"金融故事"的书册却寥若晨星，有限的几份作品也都以"财经特稿"的面目示人，略微翻读几页，整个人的思绪仿佛被冻结，一阵晦涩玄奥的气息扑面而来。

　　叙事从根本上就是要讲故事。尽管把一件事说清楚、讲明白可以采用多种方式和手段，新闻、报告、图表、手册、影像……但是追根溯源，其内在的精神基底就是故事，外在的表现形态不过是筑基在故事上的最终呈现结果而已。

　　从语法逻辑上说，"讲好金融故事"包含三层含义：首先是"讲故事"；其次是"讲好故事"；最后是把"讲好故事"的理论与经验应用到金融行业"讲好金融故事"。因而"讲好金融故事"或者说金融叙事本身具有鲜明的行业指向性。

　　作为"讲故事"和"讲好金融故事"的中间环节，"讲好故事"从语法结构上又可以做两种理解：一是讲"好故事"，意指故事的内容必须丰富多彩、扣人心弦、历久弥香；二是"讲好"故事，主要侧重用什么方法与策略讲好。如果能够将这两方面有机糅合，就能搭建通往"讲好金融故事"的巴别塔。

然而，丰满的理想在骨感的现实面前总是显得苍白无力。波谲云诡的市场竞合中，让人为之心动的金融故事总是乏善可陈，让人眼前一亮的金融叙事总是难以突破，金融叙事观念连同金融学理论一起陷入巨大的危机中。现代金融学援引带有强烈数学特征的自然科学方法来解析市场行为，并以实证客观性名义剔除经济生活中的感性和伦理元素，缺乏穿透人类生存状态和精神世界的力道，只能在追求物质效用最大化过程中陷入"测不准"的漩涡。

"诗人疾之不能默，丘疾之不能伏。"我如一名泅渡燕北的侨客，在许多个焚膏继晷的夜晚，侧身灯花照影的寒舍，任冷雨敲窗、霜风扫地，在古今须臾、沧海一粟的时光逆旅中自遣笔底风云，愿为金融叙事观念的正本清源敬献绵薄微力，虽感"人心惟危"，恐惹流言非议，但觉"道心惟微"，只要"惟精惟一，允执厥中"①，就能在喧嚣浮华中沉淀励新，笃行致远。

"求木之长者，必固其根本；欲流之远者，必浚其泉源。"从经济社会发展进程中应运而生的金融活动，虽然具备跨区域、跨时期配置资源的功能，但又不得不蹒跚在风险、回报的

---

① "人心惟危，道心惟微；惟精惟一，允执厥中"是儒学的"十六字心传"，出自《尚书·大禹谟》，意指人心是危险难安的，道心却微妙难明。惟有精心体察，专心守住，才能坚持一条不偏不倚的路线。

二元博弈中，并与真正的人文精神渐行渐远。因此，从顶层设计上重塑一种新的财富增长观，呼唤金融叙事向人文回归便显得尤为紧迫且富有意义。

## "春秋三事"：一种财富增长观

"春秋三事"是中国先秦时期的基本政治经济理念，即"正德、利用、厚生"。其源头最早可以追溯至《尚书》中一篇叫作《大禹谟》的散文。这篇文章记载了舜帝与大禹、伯益等人讨论政事的观点。

禹曰："於！帝念哉！德惟善政，政在养民。水、火、金、木、土、谷，惟修；正德、利用、厚生、惟和。九功惟叙，九叙惟歌。戒之用休，董之用威，劝之以九歌，俾勿坏。"

帝曰："俞！地平天成，六府三事允治，万世永赖，时乃功。"

禹说："舜帝请听我一言！崇尚德性才能有好的为政理念，有了好的为政理念才能使百姓安居乐业。水、火、金、木、土、谷这六种生活资料要治理得当，正德、利用、厚生这三件利民的事要理顺，社会就能达到和睦的状态。这九件事称为'九功'，如果做好了是值得颂扬的。如果用美善来教化百姓，用威严的法律来督责，用歌乐来劝勉，治国理政就不会走向衰败。"

舜说："我同意你的看法。只要能把一切安排得井然有序，真正将'六府三事'办好，就能造福万世。"

舜提到的"六府三事"也就是"九功"，囊括了水、火、金、木、土、谷"六府"和正德、利用、厚生"三事"。但是与"六府"的具象事务不同，"三事"代表着一种财富增长观念。具体来说，"正德"是对个体内在的道德要求，强调的是公正无私；"利用"是在正德基础上以伦理眼光看待天地间一切事物，合理利用各种资源，实现财富增长；"厚生"是对人民的安顿爱护，将财富真正用于民生，实现长治久安。这三件事归根结底要落实到厚待民生，只要实现了厚待民生，就能达成"惟和"，也就是人与自然、人与人的和谐共处。

"春秋三事"财富增长观沿着立德、创富、护民的逻辑链条，将财富增长与德性政治紧密结合，指出财富的终极归宿就是民生。人类只有感恩敬畏自然万物，并将道德原则贯注到经济活动中，才能建立富民厚生的经济体系，实现福泽民生的愿景。

"一个经济人总是从个人利益的最大化出发的：在投资方面，总希望成本最小，收益最大；在消费方面，总希望能以最小的支出获得最大的满足；在储蓄方面，总希望利率最高，风险最小。"[①] 从古典经济学中脱胎而出的"理性原则"并没有孵化出一个具有正当价值观的金融行业，在金融叙事的疯狂渲染下，金融的资源整合与配置功能陷入迷途，难以真正实现服务实体经济和推动创新发展的目标，厚待民生与厚植民生也就成了镜花水月。

观念的正本清源不仅需要评估和纾解现存理念的漏洞，还应当向中华文化精髓回溯，在传统理念和现实需求之间求得动态平衡。正是在这个意义上，金融行业应当紧扣"春秋三事"，将"正人之德、利物之用，厚民之生"的财富增长观融

---

① 厉以宁. 文化经济学 [M]. 北京：商务印书馆，2019：240.

进金融叙事，用人文精神观照金融活动，构建以物的全面丰富和人的全面发展为核心的"人文金融叙事观"，促进金融体系良性运转。

## 金融故事里的生命漫寻

好故事的生命力根植于人类关怀的土壤，蕴含着对人的本质、人的发展等一系列问题的注目。正如马克思所言"人的本质不是单个人所固有的抽象物，在其现实性上，它是一切社会关系的总和"①。如果仅仅通过耸人听闻的奇谈怪论去迎合观者的猎奇心态，任何故事都会丧失本该具有的历史价值与文化价值。正因如此，金融故事应当关注金融行业及所有市场参与者的行为和心理，在叙事中彰显生命个体的尊严、价值和命运。

这并不是说讲好金融故事一定要从物理空间上近距离地表现金融行业的人或事，而是要从心灵空间上零距离地眷注金融行业每一位个体的生命体验、生命价值和生命真义，让金融叙事散发着人道主义精神。

如前文所述，建立在实证逻辑和演绎推理基础上的西方主流金融学对模型化、计量化的推崇让金融叙事一直以冰冷冷的产品介绍和多样化的数据表单示人，金融从业者俨然成了科学家和工程师，金融业务蜕变成试验品。金融最本质和最深刻的民本追求被淡化了，叙事的人文价值也一同被丢弃。

出色的经济理论家是不屑于花时间探讨贫穷与饥饿的问题

① 马克思，恩格斯. 马克思恩格斯选集：第 1 卷 ［M］. 北京：人民出版社，1995：60.

的。他们认为，当经济总体繁荣时，这些问题就会迎刃而解了。这些经济学家将他们的才能都用在详解发展与繁荣的进程上，而很少反映贫穷与饥饿的根源与发展，结果是贫穷继续着①。对底层生命的体恤、怜悯和帮助，对道德良知的尊重与恪守应当是每一位经济学家不可回避的"灵魂之问"，只有通过对生命意义的追寻才可能发现灵魂深处的秘密，发现个体不断挣脱旧我迈向新我的心路历程。

让我们看看一个生活在天然气开采地区的贫困家庭，在面对环境危机时生命的挣扎与坚持。

她和贝丝把车开上山脊，来到阿什莉发现溪水里有油污的地点。贝丝用手机拍下了冒泡的溪水，水中充满了油性物质以及肥皂泡似的东西。斯泰茜注意到，有油污溢出的地方不只一处，地上有几十处小渗透点。有人往溪里扔了几捆干草，以阻止油污扩散②……

斯泰茜和孩子们已经学会了用谷歌地图测算距离，这样她从屏幕上就能了解到未来的房子距离气井和压缩机站有多远。她必须让他们和任何钻井基础设施至少保持一英里的距离。但是这么做并非万全之策……

钱也是个问题。斯泰茜的农场依然欠银行 140 000 美元，她每个月得继续支付 1 200 美元的按揭贷款。斯泰茜请约翰·史密斯帮忙，但是当史密斯正在跑银行，为出售农场的事忙活时，一名房产中介却告诉他，因为房子可能存在污染，银行不

---

① 尤努斯. 穷人的银行家 [M]. 吴士宏，译. 北京：生活·读书·新知三联书店，2006：34.

② 格里斯沃尔德. 压裂的底层 [M]. 曾小楚，译. 上海：文汇出版社，2022：148.

可能给买家发放贷款。斯泰茜也不想另一个家庭因为接触污染物而出现健康问题。她决心尽自己所能留下这座房子,尽管房子现在无人居住。而且一想到自己的房子将被废弃,她的心情就变得异常沉重①。

为了分析"资源诅咒"的成因,上述故事的作者曾经 37 次前往美国宾夕法尼亚州西部,采访了四个能源案件涉及的 45 人。只有当叙述者对经济生活有着独特的感受和体验,对经历的事物有着独到的发现和思考,才有可能创造出有吸引力的金融故事。如果我们不能抛开单纯追求物质效益最大化的一元思维,就无法真正重视金融人的本真需求与情感价值,就无法唤起人们对蛰伏在所有生命背后心灵世界或价值世界的觉察和共鸣,捕捉金融活动中那充满喜悦、悲伤、颓废或深情的真实面目。

天意从来见不得人间悲凉。本书浅知拙见、大张其词,虽力有不逮、空腹高心,却怀蚍蜉撼树之意,力求从学理上对当下金融叙事观念进行拨乱兴治,既向中华传统文化汲取经世济民的思想资源,又紧密结合商业社会实际情况,将金融与个体生命价值的联结放置在对人类生存与发展境遇的追问中审视,尝试提出相对更加合理的金融叙事观。

真正的福祉不仅在于收入的增加,更在于人们拥有的选择和自由,而这些选择和自由深受人文因素的影响②。金融叙事对人的境遇和多样生命情境的呈现能够促进经济生活中生命价

---

① 格里斯沃尔德. 压裂的底层 [M]. 曾小楚,译. 上海:文汇出版社,2022: 185.

② SEN A. Development as freedom [M]. Oxford:Oxford University Press, 1999: 76-77.

值的融通，影响人们对市场环境的理解和对行动价值的评判，最大限度地消解市场经济对人性的侵蚀。

基于此，金融故事的叙述者要善于从生命关怀的视角捕捉各式各样的金融行为、金融决策和金融心理，表达人类细腻丰富的内心世界。这样的金融叙事观也能反作用于金融活动，促使金融从业者主动站在客户视角思考问题，建立有温度的金融标准和业务流程，发展符合人体工程学原理的新技术、新服务，将财富增长与文明进步关联在一起。

## 变局中的叙事转型

21 世纪的金融业正面临比以往任何时候都更为复杂的变局。宏观上，地缘政治、经贸摩擦、数字转型造成的跨区域金融监管割裂，推动全球系统性金融风险持续上升。微观上，金融市场中信息的不确定性和非理性行为在互联网的开放式结构中呈现疯长态势。

虽然推陈出新的金融产品迎合了投资者的多样化需求，但与之相伴的金融风险却被随意拆分组装，流窜到不同的机构和市场中。如果不能进行合理引导却放任自流，跨市场、跨机构的交叉感染会扩大金融风险的传导范围，可能引发新一轮金融危机。

假如金融风险大潮真的来临了，谁又能独善其身呢？当金融非线性动态系统充斥着大量灰色地带；当无休止的市场厮杀带来欢愉或哀愁，人类生活的平静湖面掀起狂风巨浪，怨愤、失落与孤独也会在追寻物质繁荣的征途上接踵而至。

正是因为物质穷极带来了心灵贫瘠，精神的救赎才显得至关重要。"很多经济学家已经意识到功利主义的帽子里并没有小白兔。经济学需要在细节上进行道德思考，而道德思考需要故事，也即随着时间所进行的想象。"① 它需要人类在复杂多变的市场中增进对自己、他人和世界的理解，不只局限于对物质充盈的追求，更倚重精神的富足和内心的安宁。正是在这个意义上，金融叙事观念的转型迫在眉睫。

是秉承乐观向上的自信，不断讲述刺激需求和投资的故事，吸引越来越多的人通过增加杠杆跳进"经济过热"的漩涡？还是坚持悲观保守基调，讲述经济从繁荣跌入衰退的情景，以此来收缩风险偏好并降低消费意愿？抑或在二者之间求取平衡？时代的变局与叙事转型紧密呼应。

结合前面关于"春秋三事"的论述，现代金融故事的叙述思想体系滥觞于中华文化"正德、利用、厚生"的观念，并在百年未有之大变局中遭逢行业裂变与秩序重构。正缘于此，本书将金融叙事放置在推动财富增长与实现民本追求的二维视野中进行考量，提出讲好金融故事在终极意义上要以服务社会民生为根本使命。

民惟邦本，本固邦宁。中国传统民本观认为人民是国家的根基，天下为天下人之天下，只有根基牢固，国家才能安定。简言之，固本就是要安民利民，制民之产，也就是给人民提供土地和生产资料，满足人民的物质需要。这一点将在第七章的"民本之道"一节中详加论述。

"民生为大"昭示着金融叙事必须从理念上进行转型，将

---

① 麦克洛斯基. 经济学的叙事 [M]. 马俊杰，译. 桂林：广西师范大学出版社，2023：193.

财富增长安放在社会发展的历史文化脉络中展开，为个体经济行为与精神世界的丰富提供深层次支撑。因此，这一观念孕育之下破空而出的金融故事应当具备两大特征：预见性和治愈性。

"预见性"表明通过金融叙事可以引导社会信心变化，影响消费者关于未来的预期。"当我们采用长期的历史视角来考察问题时，未预期到的通货紧缩或反通货膨胀会造成更多失业和更大实际产量损失，这一相同趋势随着时间的推移会以更具戏剧性的形式出现。"① 消费者在听到有关经济繁荣或衰退的故事时，会不由自主地沉浸在故事建构的社会现实中，并在未来的投资消费中，调整原有的决策方式。请看下面的叙事。

虽然这几家大型银行都设置了数倍于《巴塞尔协议》的资产安全线，但是最近几个月坏账水位还是在不断升高……

顾客们争先恐后地打探消息，他们担心当坏账水位淹没银行破产的临界点时，洪峰最终会汇集到大型银行，自己的存款与理财也将全部打水漂。

仅仅是几个小时后，这些银行前挤满了人。

读了上面的内容，会让人在心底产生一种对资产安全性的隐忧，萌生出查看资产保值增值情况的冲动。虽然银行并没有破产，甚至还能勉强左支右绌，但是从叙事中可以预见到这些银行已经是强弩之末。因此，民众产生奔赴银行一探究竟的急切行为也就不足为怪了，这就是叙事的力量。

下面是一则因为预见到风险而鼓励分散投资的叙事。

---

① 奥尔森. 国家的兴衰：经济增长、滞胀和社会僵化 [M]. 李增刚，译. 上海：上海世纪出版集团，2007：226.

萨姆沉思了片刻。"凯特，你打算怎么处理这些钱？每人12 000 美元……"

"我要把我的钱拿去投资，"凯特说——她压低了声音。"奶奶昨晚告诉我，她希望我们每个人都能有一点'私房钱'。"

萨姆笑着说。"鸡蛋。这是奶奶的口头禅之一。"他模仿奶奶的声音说："萨姆，你要听爷爷奶奶的话，不要孤注一掷。""我们没有这样做，你和你的父母都在生活中得到了良好的起点。"

"你也许会觉得好笑，"凯特说，"但我们大四的时候开了一个'未来规划'研讨会，他们还告诉我们不要把所有鸡蛋放在一个篮子里。我打算把钱分散开来。"

他们俩开始清空厨房最高的架子。他们的奶奶有这么多盘子。她怎么可能需要这么多呢？

"但是凯特，"山姆说，"为什么不把它放置在一个安全的位置呢？比如非常安全的资产。"

凯特摇了摇头："好吧，什么是非常非常安全的，山姆？你知道吗，一些非常著名的公司最终破产了？不管怎样，如果你想让你的钱随着时间的推移而增长，他们说你需要承担一些风险。"

"但这两者有什么关系呢？"山姆抗议道①。

上述叙事呈现了萨姆和凯特两兄妹帮祖父母搬家时的对

---

① LUSARDI A, SAMEK A S, KAPTEYN A, et al. Visual tools and narratives: new ways to improve financial literacy [R]. Washington, DC: Global Financial Literacy Excellence Center, 2014: 32.

**011**

话。弟弟山姆希望将所有资金孤注一掷，投到某个经营良好的公司中。姐姐凯特主张将他们收到的 12 000 美元礼物分散投资到不同行业、不同风险的产品中，因为即便是一些当前非常著名的公司最终还是破产了。

"治愈性"意味着人们可以从故事中汲取温暖的力量，重新调整自己的行为，书写崭新的生命故事。"叙事方法可以提供机会，让人们决定以不同的方式看待令人痛苦的事情，也许可以用不同的方式来描述它，使其变得不那么痛苦。此外，许多临终病人只看到死亡判决，然而可能会意识到，尽管他们处于姑息治疗状态，在他们还活着的时候仍然可以做很多事情。"①

通过故事治疗人类的心理疾病已经成为一个方兴未艾的医学领域。"叙事治疗由情节所推动，随着时间推移，能够为家庭与治疗师带来某种程度的兴奋，展望未来而非回顾以往。所有成员都追寻新的意义、新的可能性，开始质疑充满了问题的描述或主流的故事。"② 医学叙事既然可以疗愈病患的伤口，金融叙事也应当可以弥合人类经济活动中的财富创伤或心理压力。

英国电影《贫民窟的百万富翁》讲述了来自印度贫民窟的街头少年贾马尔为了寻找失踪女友，参加电视节目《谁想成为百万富翁》，在他即将获得高额奖金时，却被人揭发有作弊嫌疑。为了自证清白，他向警察讲述了自己的成长故事。

① NOBLE A，JONES C. Benefits of narrative therapy：holistic interventions at the end of life ［J］. British Journal of Nursing，2005，14（6）：332.
② 怀特，爱普斯顿. 叙事治疗的力量：故事、知识、权力 ［M］. 廖世德，徐永祥，译. 上海：华东理工大学出版社，2013：103.

电影通过一连串闪回，呈现出贾马尔的成长历程。他虽然没有像哥哥萨利姆那样倾尽自己的力量和野心去追求想要的东西，但是在残酷的生活中从未放弃理想与纯真。他可以为了一个偶像的签名跳进粪坑，愿意逃出生天后重返火坑寻找被困黑帮的伙伴。

这是一个融合人间悲欢与财富梦想的故事。回味这则故事的时候，我的脑海中总能浮现贾马尔的清澈双眼和天真笑脸。那种艰苦卓绝中奋发向上的朝气，可以让人感受到叙事的"治愈性"，激活每个人内心的渴望和信心。

在全球变局中讲好金融故事不能只看到资本与人的关系，更要看到人与人的关系，挖掘和传递具有公共性、流通性和交换性的意义体系，讲述金融行业致力于实现财富增长与民本追求的努力，从金融从业者的亲身经历、金融机构的运行状态、金融市场的复杂状况中挖掘幽微曲折的人物内心故事，帮助金融从业者体会普罗大众精神心理层面的困境。

## 从叙事正义到价值超越

在不受外力压迫时，人类对正义的向往应当是一种与生俱来的本能。正义叙事天然地符合人的需要，它意味着叙事者必须秉持公平公正的态度讲述故事。这也让我想起新闻叙事对真实性、客观性等原则的强调。对于一般意义上的新闻叙事来说，真实客观是不可或缺的要素，否则新闻就失去了生命力。不过，从严格意义上讲，新闻叙事与金融叙事并不是一回事。

新闻叙事主要是媒体担纲社会守望者角色，围绕社会事件进行报道，旨在第一时间将信息传达给社会公众。金融叙事属于行业性叙事范畴。一方面，社会媒体对金融领域各种事件的报道属于金融叙事的组成部分；另一方面，金融机构也会主动通过自媒体传播一些新近发生的事实或视频影像。除此之外，金融题材的小说和电影等也都应当归为金融大叙事的范畴。

在这个意义上，如果完全采纳新闻传播客观真实的理念，势必造成叙事表现方式的枯燥与单调，艺术感染力也将大打折扣。况且事实真相一定程度上取决于语言的使用，也受到人们所处环境的影响。"叙事通常采取对真实或虚构事件进行叙述的形式，很多时候，被描述的特定事件只不过是在渲染某个概念并使它更具传播力。"① 实际上，包括小说、剧本和视频影像在内的各种叙事，在真实性和客观性的基础上，经常需要通过创造、加工、放大、渲染等手法来进行叙事。

无论是社会媒体记者还是金融从业者，要想讲述一个事件或一段历史，首先必须对那个事件或那段历史形成明晰的认识，认识得愈深刻，作品的精神境界就愈高，不论什么体裁的作品都应当在这个认识论指导下展开。或者说，不论什么作品都是为了表达对历史或对现实的看法，不论使用什么手法，都是为了使这个看法得到更加突出的表达。

用带主观色彩的叙述也好，用纯客观的笔法也罢，都是为了使想法得到更加清晰的反映。所谓"纯客观"，只是叙述者为了方便与社会公众沟通而采取的"欲擒故纵"。作品的真实性和客观性并不体现在叙述的情感程度，而取决于作者对事实的掌握程度。

一旦叙述者掌握了充分的事实，完全可以根据传播需要进

---

① 希勒. 叙事经济学 [M]. 陆殷莉，译. 北京：中信出版社，2020：36.

行故事生产，甚至通过叙事来表达观点和想法。但这样是否违背了叙事正义呢？笔者不以为然。如果说正义是一种立场选择，在道德范畴上与"公正"同义，是"给予每个人他应得的部分"，那么也可以说正义本身宣告了一种价值取向。只要不是颠倒是非、以讹传讹、混淆视听，就不能因为叙事的内容虚构或者手法创新而否定其正义取向。

当然正义是一种价值取向，超越正义又是一种价值取向。对于金融叙事来说，如果只是强调叙事正义，那么对物质利益的合理追求就应当是无可厚非的。如果淡泊物质利益而寻求精神超拔呢？这又超出了正义的范畴。正义叙事旨在强调叙事的合法性与正当性，并没有融入一种超然物外的叙述意识，因此有可能忽略对人类细微情感的关注。

遵循叙事正义，是不是意味着无法讲述金融行业那些最亮丽的业绩呢？笔者认为并非如此，一方面既要忠于事实，开展正向的叙事实践，另一方面也要对"机构疾病"或"资本问题"产生的土壤、后果的影响面等进行深入浅出的阐述，探索金融机构背后的政经制度、价值体系、计算逻辑和生成机制，这两方面必须互为犄角、齐头并进，并最终落实到人文金融叙事观这个共识上面。

因此，金融叙事需要从价值取向上超越正义维度，在尊重基本事实基础上从人的情感需要出发，追求人类更高层次的精神自由和自我实现。这种价值超越不仅仅是一种超越物质利益的追求，更是建立在对人类终极关怀的基础上，让叙事成为一种有历史来路、现行思路与发展进路的社会推动力。

这种糅合民本理念的金融叙事观对于功利主义泛滥的金融

行业也是一种补益。如果金融行业只是一味地强调丛林法则，最终每个参与者都会在弱肉强食的恶性生态中深受其害。金融叙事只有保持对普罗大众生存与境遇的关切，才能在强调情感意蕴和灵魂解脱中逼近生命的本真，让叙事充满自然而勃发的生命力。

## 攸关行业命运与家国兴衰的叙事选择

金融行业的人都在谈论什么？某只股票或基金的涨跌，哪个行业又成为"风口"，什么股权项目值得豪掷万金……与这些炙手可热的话题相比，金融叙事似乎是一个并不起眼的话题，一定程度上可以等同于替金融机构"锦上添花"的宣传，产生不了直观效益。

然而，我们所拒斥的东西或许正是我们苦苦追寻的目标。以上"谈论话题"的现象本身也可以视作金融叙事的组成部分。从业人员的各种讨论凝聚成"行业共识"，媒体和机构描绘出各式各样的金融故事……姑且不论这些行为在多大程度上影响着行业决策乃至整个经济社会走向，就从企业内部来说，"员工好的经验故事能够为管理层提供积极反馈，坏的经验故事可以突出管理层在未来可能改变或调整其行动的领域。因此，员工的任何负面反馈都可以被视为需要管理层关注的事情。"① 从这个角度来说，金融叙事已经不再局限于对外传播信息、推销产品或展示形象的范畴，而是远远超出了金融宣传

---

① MURTHY V, GUTHRIE J. Management control of work‑lifebalance：a narrative study of an Australian financial institution［J］. Journal of Human Resource Costing & Accounting，2012，16（4）：276.

的边界。

面对金融行业诸多困境，不论是金融结构性风险隐患，金融基础设施建设短板，还是金融市场的过度竞争，都已经成为金融体系稳健性和国际竞争力的潜在威胁。现实症结的层出不穷与金融叙事观的扭曲不无关联。

在投行对新型金融衍生品的低风险叙事渲染下，巨大的利润驱使美国混业经营的金融机构相互持有抵押贷款资产的次级债。这使得他们逐步陷入自导自演的金融灾难。尽管这些投行的金融巨头们深信他们创造的不仅仅是利润，更是一种放之四海而皆准的新金融模式①。美联储和西方投资银行的叙事绘就了金融市场的主体景观，影响到民众的主观判断和心理预期，从而一步步主导了市场走势。

"在雷曼兄弟宣布破产的六天前，标准普尔还发布了一份报告维持对雷曼兄弟的 A 级评级，称雷曼兄弟近期的糟糕表现是市场负面情绪造成的，几乎不可能导致这家公司倒闭。"②评级机构似乎一直没有走出为信用背书的怪圈，"信用评级机构之所以低估抵押贷款支持证券的风险，与他们对这些工具发行人的财务依赖有关"③。因此，在利益与道德的权衡下，有选择地充当市场非公正的裁判员成为评级机构的一种叙事选择。

---

① 索尔金. 大而不倒［M］. 巴曙松，等译. 北京：中国人民大学出版社，2010：
4.
② 高华声，张宇虹. 看电影学金融［M］. 上海：格致出版社，上海人民出版社，
2021：43.
③ BENJAMIN J. The narratives of financial law［J］. Oxford Journal of Legal Studies，
2010，30（4）：796.

一言而兴邦，一言而丧邦。从日常储蓄到投资理财，从物价上涨到利率调整，从基金股票到外汇期货，金融叙事的细枝末节影响着公众对金融市场的看法与态度，这是金融行业不得不正视的问题。"能够讲述关于投资的令人信服的故事，是基金管理人与公司及其股票建立和维持关系的关键。然而，讲故事在金融领域所具有的功能不仅仅是建立信念。讲故事具有内在的能力，在事情出错时提供解释和包容不幸的方法，从而保持基金管理人的士气，并消除自我怀疑。"① 正缘于此，商业社会的每一个人都需要通过金融叙事建构共同记忆，维持彼此的商业关系，在叙事这个极易被遗忘的角落里蕴藏着攸关金融行业前途命运的巨大动能。

金融机构通过自媒体主动发布的新闻、影像、年报等内容能够被公众用于舆情分析和股价预测。"机构投资者面临大量的信息，必须过滤掉极微小的一部分来为他们的决策提供信息。这些投资者经常不仅对会计数据，而且对管理人员的能力和意图、政府的选择、经济前景和消费者的突发奇想做出判断。在这种深刻的不确定性中，投资者除了做出最好的猜测，即什么故事最符合事实之外，还有其他选择吗？"② 社会媒体新闻在公共空间的扩散能够影响投资者对未来公司业绩的判断，进一步影响交易策略和资产定价。监管机构也可以通过关注金融叙事，监测市场动态和潜在风险。

对于金融机构本身来说，无论是自身主动发布信息还是通

---

① ADORISIO A L M. A narrative lens for financial communication：taking the "linguistic turn" [J]. Studies in Communication Sciences，2015，15（1）：80.
② JOHNSON S G B，TUCKETT D. Narrative expectations in financial forecasting [J]. Journal of Behavioral Decision Making，2022，35（1）：1-16.

过社会媒体发布信息，都是在表达一种看法与说法，故事中反映出来的思想也在传递一种企业价值观，能够让消费者体味到情感温度，提升对金融机构品牌的信任度。"消费者为市场营销人员提供了搭建故事的素材，这些消费者故事可以在不断变化的市场中有效地传达他们的品牌。"① 正是在这个意义上，金融叙事可以促进经济圈层、社交圈层和文化圈层的互动，成为促进机构之间业务联结的人文工具。

　　值得一提的是，许多金融机构的投资策略构建都紧密依赖传统金融数据，较少考虑具有非结构化特征的另类数据。"对行业兴衰变化的分析，除常规的数据和指标之外，更多的则可以通过新闻所提供的素材，研判出行业景气度悄然回升、新兴行业的发展进度、新兴的产业政策公布情况等，这将能更细、更精准地筛选出行业性的大机会。"② 因此，一些文学性较强的金融非虚构作品和电影都能够为抓取提纯另类数据提供有价值的文本，展现传统数据难以触达的深层次情感与心理。

　　本书并没有遵循市面上常规写作指导书的体例，按照叙事观念、叙事文体、叙事技巧、叙事实践的谋篇布局渐次展开，而是紧紧围绕叙事观念这个思维意识层面的话题进行求索，试图以一种开放式结构，将经济学、金融学与传统文化、新闻传播学更好地结合起来，透过林林总总的金融现象挖掘其内在的叙事逻辑与演化规律。

---

① GILLIAM D A, PRESTON T. Frameworks for consumers' narratives in a changing-marketplaceBanking and the financial crisis [J]. Marketing Intelligence & Planning, 2017, 35 (7)：892-906.
② 郭志新. 股市新闻分析法：职业操盘的杀手锏 [M]. 北京：地震出版社，2020：49.

或许读了这本书并不能直接获得非常具象的写作技法，也不能感受到写作能力立竿见影的突破。但是本书通过对金融叙事这个极具行业特点的事物进行研究，促使读者去思考应该从哪些方面夯实叙事，应该从哪些方面补益金融叙事。这不仅是金融强国征程中培育中国特色金融文化的内在要求，也是每一位中国金融从业者应当肩负的使命，因为文字、影像俨然已经成为互联网时代我们生命中不可或缺的那束光。

停笔四顾，心意茫然。近来愈感人生光阴之寸短如东去不息之江水，身处瞬息万变的时代洪流中，唯有旦夕精进、集腋成裘，将实践中遇到的新问题、新困境、新诉求呈奉为学界、业界的"研究蓝本"，才有可能为经济金融的苗圃栽种一些实实在在的果实，避免后来人重蹈覆辙。虽然思考求索之路有时会踽踽独行，但我想在民族复兴的路上，这样的思考可以让人脱一些"匠气"，这样的求索可以让人多一点"哲心"。

王权

2025 年 2 月 2 日

# 目录

# 第一章
# 故事的功能

人类一直是一个说故事者，总是活在自身与他人的故事里。他通过故事来看他所遭遇的一切，而且他会努力像他讲的那样去生活。

——法国哲学家让-保罗·萨特

爱听故事是人类的天性。那些斑斓多彩、风格各异的故事濡染着一颗颗稚子童心，构筑起人类幼年时理解自然物象与社会事况的最初基石。中国寓言故事东郭先生和狼、叶公好龙，安徒生笔下的白雪公主与七个小矮人、格林童话中的灰姑娘……

当这些凭空臆想或是在事实基础上创造加工的故事从尊长口中娓娓道来时，听者不由自主地沉浸在一片奇幻烂漫的故事海洋中，幻想着偶遇一场仙剑奇缘或者有幸一窥名山大川中那些可爱的精灵。

## 故事来了

王安石在《游褒禅山记》中谈到自然景致时说，"世之奇伟、瑰怪，非常之观，常在于险远"，或萌生于断壁孤崖，或孕育在山涧谷底，抑或幽藏在人迹罕至的洞窟深处。真正能让人记忆深刻、耳熟能详的故事也如荒郊野外的一隅美景，在内容、结构与叙述上恣肆奇崛、独具一格，那些撩人心魄、激风搏浪、缠绵婉转的故事仿若银瓶乍破，扑面而来的天风海雨，总是叫人魂萦梦绕或筋骨战栗。

唐传奇中记载了一则"蓝桥遇仙"的故事。

唐朝书生裴航乘船偶遇一仙人赠诗："一饮琼浆百感生，玄霜捣尽见云英。蓝桥便是神仙窟，何必崎岖上玉清。"他甚感不解。后来，到了蓝桥附近，他向一位老妇人讨水，老妇人喊道："云英，拿杯水来，公子要饮。"

裴航突然想起了仙人赠他的诗，不觉有些惊奇。这时，从芦苇帘内伸出一只洁白如玉的手，递来一杯清香扑鼻的茶水。他接过茶水一饮而尽，忍不住揭开芦苇帘向内观看，只见一女子亭亭玉立，艳丽照人。裴航不禁一见钟情，当即求婚，老妇人要求裴航找到月宫中的玉杵臼，将玄霜灵丹捣一百日方可成亲。经过种种努力，裴航终于完成了任务，众人一起成仙。

起初读到这个故事时，眼前倏然浮现一幅山居人家的画面。小桥兀自临风，汩汩的溪水从草屋前流过，屋棚外的老妪正忙着织麻，忽闻闺阁之内巧笑倩兮……那是一种美得让人顾盼神飞、目不暇接的视觉盛宴，或许正是此景此情触动了裴航心底的真情挚意，哪怕此后面对再多的艰险考验，也能为之百折不渝。

连环画《西湖主》中的书生陈明允在洞庭湖的奇遇也是一段奇幻跌宕而又温情漫漫的经历。陈明允夜宿洞庭湖，将一条被捕获的猪婆龙放生。一年后，他再次乘舟路过这里，遭遇风浪袭击，漂流到一个人烟稀少的地方。在这里，他偶遇一位龙女，其母便是他曾救下的猪婆龙。龙女为陈明允施了分身法术，一个留在龙宫安富尊荣、自得其乐；一个回到故乡孝敬父母、养儿育女。

或许每一位在听故事、看故事、讲故事中长大的少年都曾经有过天马行空的幻想：有朝一日从残垣洞穴中发现隔世尘封的功夫秘籍，通过无师自通的苦练加持，进阶为一个号令天下的武林高手，奔走在烽火硝烟的江湖……

幻想、悸动、温情……故事就这样走进了人类的世界，然而它的出现与演变却是一段漫长的旅程。东汉学者应劭对《汉书》中"掌故"一词进行注称时说："掌故，百石吏，主故事者。"掌故是俸禄满百石的官吏，主要掌管礼乐制度。这里的"故事"指的是礼乐制度和旧制旧例，与今天的故事概念有所不同。但是我们应该认识到，旧制旧例也是实践经验中总结出来的规范，可以理解为过去的事。因此，从"对过往追溯"的意义上来说，"讲故事"就是通过口头叙述或影像呈现，对一件往事或者某个范围内已经形成的社会文化形态进行场景再现。

《汉书·艺文志》中提到："左史记言，右史记事，事为《春秋》，言为《尚书》。"无论是记言还是记事，都是官方对信息和知识进行记载，这可以为故事生产提供一手素材。除此之外，人类对社会生活中亲历事件的民间记忆也与官方信息形成互补，共同融合在故事生产的大熔炉中。

讲故事是故事生产完成之后的环节，也是人类交往的基础。人的合作是从讲故事开始的，这些故事中既包含许多真实存在的事件，也有许多虚构的事物。"'虚构'这件事的重点不只在于让人类能够拥有想象，更重要的是可以'一起'想象，编织出种种共同的虚构故事，不管是《圣经》的《创世纪》、澳大利亚原住民的'梦世纪'，甚至连现代所谓的国家其实也是一种想象。这样的虚构故事赋予智人前所未有的能力，让我们得以集结大批人力、灵活合作。"[1] 通过故事来建

---

① 赫拉利. 人类简史：从动物到上帝 [M]. 林俊宏，译. 北京：中信出版社，2014.

构思考和组织资讯正是依赖人类共同的想象。故事不仅是单一独立的文本，在故事的传承中，人类会融入自己的情感和理解，使其带有一定的艺术性和夸张性，经过岁月的淘洗，故事内容也在不断填充与伸展。

公共外交、亲友聚谈、营销推广……讲故事闪现在人类生活的方方面面，是人类生活中普遍存在的文化要素。"讲"并非一定是"口述"，静态的文本也可以讲故事。神话、小说、历史、绘画等各种样式的作品都在讲故事，通过对话、描写和场景设置将人、物、事、行为组织起来，展现能够让人产生兴奋感的情节和细节，更新大脑中的认知模式，协调和规范人类的行为。

叙事与故事存在一体两面的共在关系，故事是所述之事，而叙事则是讲故事。当然不可否认，叙事的外延更广，还包括对事件的分析和解释。但是，从非严格意义上来看，讲故事就是叙事的通俗说法，叙事就是为了讲述故事的外在结构，以及透过这些外在结构所展现的思想感情。

## 话语建构与意义输出

人类通常会将说出来的话、写出来的文字视作一种话语，通过话语呈现人与人沟通交流的具体言语行为。"话语本质上类似于言语，是一种被具体化了依赖于具体的上下文关系（小语境）和所涉及的社会生活背景（大语境）而存在着的句子。"①

———————

① 徐岱. 小说叙事学［M］. 北京：中国社会科学出版社，1992：61.

它将不同的社会主体联结起来，并围绕着特定语境中的特定文本反映和建构社会现实。

话语建构的功能可以理解为人类通过有组织的语言表达对现实世界思考与理解的过程。"无论思想或语言都不能独自组成特殊的王国，它们只是现实生活的表现。"① 从这个角度看，故事的生产与讲述实际上是在建构一种话语。

无论是故事生产中对文本内容、句法、修辞、语义的构想还是故事讲演中对语言、语气、语境的考量，都旨在展现故事生产者与叙述者的价值主张与思想意识，建构关于世界的话语实践。当然大多时候，生产者与叙述者是融为一体的，从更宽泛意义上或许可以说：话语，归根结底是故事的呈现。

众所周知，人类意图的表达最终要通过可观、可感的信息输出来落实，那么通过故事来建构话语就是要运用故事中饱含的丰富信息流来传播人类的思想观念，引领社会文明风尚。讲故事不仅是信息传达和意见交流的过程，也将故事生产者与叙述者的主观意图灌注于具有特殊顺序的一系列符号中。当这些符号在叙事脉络中显露出整体情节时，故事便完成了从话语建构到意义输出的过程。

意义输出是故事的本质和价值所在。"无论是社会世界，还是物理世界，抑或生物世界，都是杂乱无章的，故事的存在是为了梳理这种混乱。通过故事，我们赋予自己的生活意义，

---

① 马克思，恩格斯. 马克思恩格斯全集：第 3 卷 [M]. 北京：人民出版社，1972：525.

了解过去，也预测未来。"①　如果故事不能传递它想要表达的
思想内涵，那么就没有存在的必要，也可以说故事是为意义而
生，并通过话语建构来履践自身的使命。

　　叙事通过为看似不可理解和无关的事件赋予意义和因果关
系，从混乱中创造秩序；在这样做的过程中，它们塑造了我们
的感知、世界观、决策和行动。这就是经济和金融发展和变化
在很大程度上受文化影响的原因②。当故事以书面文本、口头
文本或者影像文本的方式传递时，即使文本的物理载体消失
了，故事留给人类的记忆也不会凭空陨灭，因为这种记忆源自
对故事意义的理解，并在代际传承中逐渐内化为人类的价值观。

　　价值观是对事、对人、对社会的评价标准和尺度，讲故事
是为了表达某种价值观。在个人头脑中如何形成价值观、形成
什么样的价值观，价值观对社会发展又会产生什么样的影响，
一系列的思考都受到故事意义输出的影响，"意义建构和意义
赋予有助于我们理解故事如何影响不同的群体，如何推动他们
在经历不同变化时产生不同的当下理解和未来行为"③，并在
终极意义上塑造着人类的态度行为和社会运转。

　　欢乐与痛楚、希冀与落寞、幸福与悲怆……虽然不同的故

---

① 西费尔. 叙事本能：大脑为什么爱编故事 [M]. 李寒笑，译. 北京：北京联
　　合出版公司，2024：100.

② HANSEN P H. From finance capitalism to financialization：a cultural and narrative
　　perspective on 150 years of financial history [J]. Article in Enterprise and Society，
　　2014 (11)：608.

③ DAWSON P, FARMER J, THOMSON E. The power of stories to persuade：the
　　storying of midwives and the financial narratives of central policy makers [J].
　　Journal of Management & Organization，2011：149.

事展现了人类生活感受的不同侧面，但是好故事必须用生活化、大众化的语言对个人、家庭、社会等不同层面的价值观去伪存真、披沙拣金，并在人类文明的土壤中生根开花，表达符合人类社会常识和规律的立场和态度，激发人们对人性、道德、情感及终极命运的思考。

这种思考是在对故事的理解和阐释中实现的。每一个故事都由许许多多相互关联的片段组成。人类在生产与讲述故事的过程中，有意识地将事件起因、经过等元素与故事人物融合在一起，形成一个系统完整的故事。听者或观者会结合故事内容，自动将图画、语词等连接起来，感受其中折射出的与自己人生经历相关的内容，从而将自己代入故事情景，形成对意义的解读、加工和传播。

我在阅读下面这则故事的过程中就有类似的感受。

"央行突然降低基准利率，我还有大量配置任务没完成呢。"一名投资经理急匆匆地跑进门来。他从事固定收益工作，每天都要想着怎样将资金配置到大额存款和长期债券中。

真的挺揪心的，有时候政策突然变化，就会影响到资产收益。但是投资经理必须保持一种"着急又不能急"的状态，必须具备驾轻就熟、游刃有余的能力。

权益投资又何尝不是如此？真理越辩越明，很多股市判断就是在反反复复的争论中完善的。

价值投资哲学要求在买入股票之前耐心等待便宜货的出现，也要求在买入股票后等待价值的实现。投资经理能做的事就是判断各种悲观假设下股票的价值，在严守纪律和安全边际的情况下逐步买入。

"在市场的关键时点，投资比拼的就是定力和心态，我经常陷入一种胶着状态，很折磨人"。一位有着20多年实干经验的投资老兵说。他搜集了能够找到的所有世界一流投资大师的传记，烂熟于心后应用于股市预测。工作中有需要，随时取出来查阅，庖丁解牛的能力就这样锻炼出来了。

出差调研也必不可少，下矿井、看煤矿，半夜三点起床感受国内最大蔬菜批发市场……曾经为了考察一家企业，投资经理在两天内从某个山区省份的最北部开车到最南部，其中有一小段不到20千米的盘山路，司机开了2个小时，让人刻骨铭心。

细微之处见真功，有一位投资经理关注到一家市场并不看好的公司，在楼道墙壁上写着一个外地民工在当地生活需要多少成本，如果在公司努力工作，每年可以赚多少钱？公司可以为民工成为市民提供什么具体帮助等。当时他就大胆预测该公司会后来居上，果然两年内这家公司的股价涨了9倍。

莫道人不寐，责任如鞭[1]。

上述叙事给人一种如临现场的感觉。阅读过程中，我情不自禁地在脑中不断翻拣曾经与友人交谈投资经验的记忆。这篇行文并没有使用专业、精湛、优秀等充满赞誉的词汇来拔高投资经理的水准，而是使用一些具体事例和心理感受来反映投资经理面对工作的态度和开展工作的方法，投资的专业度与责任感也就不言而喻了。

---

[1]　本故事作者为笔者。

## 共情的力量

人类通常认为自己的决策和判断是理性的，然而，我们的绝大部分判断都是基于直觉和本能。人们总是假定感觉所提供的那些形象就是外在事物，而从不怀疑它们是别的什么，盲目地遵从自己的自然本能①。休谟关于人类决策判断的分析给予我们深刻的启示。直觉判断总是发生在理性判断之前，因此理性的主要作用就是让判断看起来合理和自洽。

我们总是以为理性可以战胜情感，但大多数时间为喜怒哀乐、爱恨情仇所裹挟。"行为经济学的研究表明，个人很少纯粹基于分析或理性的方式做出财务决策；相反，他们使用诸如经验法则或启发式方法之类的直觉方法。这些发现表明，人们经常依赖心智捷径来做出决策。"② 正是由于情感力量的存在，人与人的交往过程就是一种间接体验别人内心世界的过程，也是彼此内化认知、情绪和情感的过程。当人类在识别、理解他人情感，并内化为自身认知与情感的时候，这种共鸣会进一步传递给身边人。

这是一种理解他人感受、情绪和状况的能力。"从羊膜系祖先，到后来进化成哺乳动物的合弓系的过渡，是通向我们人

---

① 休谟. 休谟说情感与认知 [M]. 冯小旦，编译. 武汉：华中科技大学出版社，2018：203.

② FRY A，WILSON J，OVERBY C. Teaching the design of narrative visualization for financial literacy [J]. Art, Design&Communication in Higher Education., 2013, 12 (2)：174.

类的里程碑式的进化大事件。正是在这个进化过程中，产生了我们共有的神经结构或社会大脑。"① 当我们共情时，我们使用机能统一的器官对他人的感受做出反应。

这种共情能力在医疗叙事中表现得尤为明显。当医师在照顾病患时，唯有设身处地站在身染沉疴的病患视角去通心达念地接纳和理解患者的痛楚，才能自觉地调整语言、姿势、目光、声音和语调来表达内心深处的悲悯。

"凡大医治病，必当安神定志，无欲无求，先发大慈恻隐之心，誓愿普救含灵之苦。"② 在医患互动中，共情是一种饱含医者之"仁"的情感体验。医者唯有以患者为中心，用至亲般的体贴照拂患者的身心，因人论治、辨情施术，方可唤起彼此的共鸣，实现"观于冥冥，通于无穷"的境界。

站在医患关系角度理解共情是为了更加直观形象地触及概念的本质，并将其与故事的话语建构、意义输出有机结合起来。"医学在谈及自身的时候，并不是从商业角度出发，而是作为一个不存在利益的科学而充满献身精神的专业。"③ 在这个意义上，包括金融行业在内的众多行业都应当向医学行业汲取叙事经验，认识到不是只有医患之间才能产生共情，世界各行各业都应该为了疗愈人类社会的伤口而身体力行，通过故事激活个体的情感认同，促进社会的文明进程。

---

① 科里. 经济生物学与行为经济学：马歇尔的预言 [M]. 贾拥民，译. 上海：格致出版社，上海人民出版社，2024：214.
② 孙思邈. 备急千金要方（卷一）[M]. 北京：人民卫生出版社，1955.
③ 里夫金. 韧性时代：重新思考人类的发展和进化 [M]. 郑挺颖，阮南捷，译. 北京：中信出版社，2022：34-35.

人本主义心理学家罗杰斯认为共情的内涵包括三个方面：一是借助求助者的言行，深入对方内心世界去体验其情感和思维；二是借助知识和经验，把握求助者的体验与其经历和人格之间的联系，从而理解问题的实质；三是运用技巧，把自己的共情传达给对方，以影响对方并取得反馈。

回望人类先祖在莽原荆棘中穿行的岁月，面对天雷山洪、狼虫虎豹时，个体的单打独斗往往显得捉襟见肘、左支右绌。于是，部落成员开始团结一致，共同抵御灾害险疾，并在人帮人的过程中，产生了理解彼此情感和需要的共情能力。

反观当下，当我们在自媒体上某些短视频的评论区瞧见齐刷刷的"同情式"声音时；当我们在炎炎烈日下听见盲翁拉动二胡琴弦时，湿润的双眸早就说明了一切。这种凝聚着"爱"的共情深嵌在人类久远以来敬天爱人的世界观与价值观中，成为支撑叙事功能的基石。

故事的力量来源于共情。不管故事的内容是记叙、议论还是抒情，都需要建立在情感与意义的契合之上，将生产者与叙述者的主观情感交融在一起，从而让生产者、叙述者与接受者基于爱而相互连接、相互感染，建立全新的互动关系。

当然，共情并不是说思绪完全由对方牵着鼻子走，甚至在违背公序良俗的事情上同气相求，而是要顺应人间常识、常理和常情。在共情过程中，故事的生产者与叙述者需要具备从人类生产生活普遍情感需要的角度介入普罗大众的意义世界，尊重、理解并支持收受者的感受。收受者需要用心感受生产者与叙述者知觉外部世界的方式，抓取语言和非语言的情感线索，促进相互认知。

每一个故事都会通过主题之下涵盖的各个不同的次主题建立不同事实之间的联系，将事实化整为散，由散而整，引导收受者接近事实的深层意义，在潜移默化中达成共情。因此，故事既是语言建构，也是心理建构。

请看新华社的一篇关于股市的报道《血染华尔街》①。

新华社纽约10月19日电（记者 夏兆龙）"血染华尔街"这是在《纽约邮报》今天下午五点钟印出的增刊头版上仅有的几个字，几个又黑又粗的大字。

五点钟，正是下班的时候，而今天在华尔街，人们下了班，不是回家，而是涌到纽约股票交易所门口，排成长长的队伍，争相购买这张平时不大为人注意的小报。

买到了报纸的人就站在人行道上，靠在路边汽车上，聚精会神地读着：

道·琼斯30种工业股票平均指数今天下跌508.32个点，跌幅达22.62%，超过30年代大萧条开始的1929年10月28日！

成交额6.04亿股，最新历史记录！

今天这一跌，5 000多亿美元化为乌有。这个数目几乎等于美国全年国民总产值的八分之一。

前两周道·琼斯30种工业股票的平均指数已下跌394点。目前这一指数已下跌到1 738.74点，是1986年4月7日以来

① 新华社新闻研究所. 新华社好稿选1987 [M]. 北京：新华出版社，1990：200-202.

的最低水平。

这样大的损失，有谁能掉以轻心呢？

固然，手中股票多的是富人，但是不少中、下层人士也有股票。在美国，1.78亿人拥有股票，对于后者来说，这是血汗钱，来之不易；是活命钱，失之更加痛心。

损失无论对美国经济，还是个人都是惨重的。从这个意义上说，"血染华尔街"，并非全是夸张之词。

这次暴跌后果甚至会波及那些根本无股票的穷老百姓，因为企业不景气，公司要裁员；经济衰退，国家要减少开支，势必影响人民生活。

经济学家们担心世界金融市场崩溃酿成世界性危机。从上周星期五开始，纽约股票价格大跌，今天波及全世界，从东京到伦敦，从加拿大到墨西哥，都是狂风暴雨般的跌，跌，跌！一个接一个地创造历史纪录。

与此同时，美元汇价大落，经济飞涨。今天在伦敦，一盎司黄金价格上涨到481.5美元，为两年半来最高水平。

这样大的风波，市场吃得消吗？

香港股票市场已决定关闭一星期。

美国怎么样？纽约股票交易所总裁范尔南说："我们与华盛顿、世界各大交易所保持密切联系。明天开门营业，但不知行情飘向何方。"

人们怀疑其他股票市场能挺多久，是否也会学香港，暂时关门，避避风。

许多人在解释造成这次狂跌原因时认为，通货膨胀和利率上涨以及中东局势紧张是主要因素。但听起来还不太令人信服，究竟是什么原因，经济学家们还在研究、探讨中。

不过，一位美国金融专家说过，当在外部找不出明显的原因时，也许离市场崩溃就不远了。

白宫发言人说，里根总统关注着事态的发展。

当今世界国际收支不平衡，美国预算赤字和外贸赤字庞大，外债重，经济脆弱，滋生着危机因素。究竟如何应对这场风波，不少人持观望态度。

也有部分人相信，当"惊慌心理"一平静下来，市场还会看好。

这篇特写描绘了 20 世纪 80 年代美国股市涨跌与人心起伏之间的关联。时隔多年，当初发生在眼前的真实场景已经渐行渐远，但是，我们从记述事件的文本中依然能够窥探这段历程。"在美国，1.78 亿人拥有股票……这是血汗钱……是活命钱。""这次暴跌后果甚至会波及那些根本无股票的穷老百姓。"这种边述边评的笔法将基本事实、当下焦虑、价值取向等融为一体，让读者如同身临其境，体味着当年人们的惶恐、紧张与急迫，搭建起一个共情的画面。

我们再来看周梅森在《人民的财产》中的一段表述。

石红杏听得怔住了，麻烦真的来了。她问钱荣成到底是想怎么样，钱荣成逼视石红杏：替我们荣成集团做五亿担保，必须的！

石红杏不知他哪里来的底气：五亿担保？必须的？你疯了吧？

钱荣成四处看看，凑到她耳旁，急促地说：石总，我会死，但不会疯！不过，我要死就不是一人死，会有不少人陪我死！比如说你！

石红杏更加吃惊：我怎么了？钱荣成，你……你威胁我，是吗？

钱荣成亮出杀手锏：我不威胁你，只和你说点事实！石总，五年前京丰矿、京盛矿的产权交易是你一手经办的吧？四十七个亿的交易额里竟然有十个亿的所谓交易费用啊！这不是一件小事吧，你说呢？

石红杏心惊肉跳：钱荣成，你……你的意思是说，我受贿十个亿？

我没这么说，我只说事实：在这笔交易的账目上出现了十个亿的交易费用！石总，如果你记性不好的话，我可以提醒你一下。这笔交易我们荣成和黄清源的清源矿业可都有份的！虽然我们两家的股权加在一起只有百分之十，但账目我们是要看的，和你们做交易的傅长明也是讲规矩的，交易完成后，账目清单全给我们了，现在就在我手上①……

这种对话式的行文风格将当事人迫切紧张的心情表现在字里行间，将枯燥的经济金融交往以一种更加生活化、日常化的形态展现出来。人物的心理、对事件的认知、事件的影响面都有机融合在一起。作者深刻剖析，使干巴枯燥的经济叙述变得生动活泼，丰富了作品的层次感和情感张力。

---

① 周梅森. 人民的财产［M］. 北京：作家出版社，2021：127.

## 千钧重器

我曾亲身体验过机器大工业的壮美，见过一群青春而热烈的面庞在苍茫大海中的人造浮城上挥汗如雨，为了增储上产的使命殚精竭虑、夙夜奋战……

多少年来，总有一些专业精湛、坚韧超脱的年轻人甘愿放弃大城市里那些更加光鲜体面的工作，义无反顾地投身工业活动，蓬头垢面地躬耕在生产第一线上，将造福民生的理想熔铸到实业报国的愿景中去。

技术瓶颈的突破、机械设备的升级、基础科学的深化……因为智慧、科技与情怀的加持，工业生产创造的价值成果悄无声息地输送到街市巷陌，浸润在国民经济的每一个细微毛孔中，与万户千家的灶台灯火紧紧相牵，铭刻着第二产业前行步履中一个又一个撼人心扉的故事。

从宏观视角上看，以能源、交通、建筑等实体企业为代表的第二产业创造的成果是货真价实、可触可感的，能够直接应用于社会民生的实实在在的"有形产品"。相较之下，作为第三产业的金融机构，开发的产品显得无影无形，主要体现为对资金融通过程中各种载体的包装，是一系列具体规定和约定的组合。如此说来，金融业是否就该等而下之？

似是而非，其实经不起推敲。有形产品固然是实实在在的物理存在，但是依托于有形产品的契约凭证一旦遭到焚毁，也将给社会带来巨大的损失。战国时期孟尝君的门客冯谖受托收租时，将账本契约付之一炬的故事不正是反映了票据的重要性吗？土地尚在，权利无存，造成的影响是深远的。

因此，从风险后果严重性这个角度上看，虽然金融机构不直接参与一线生产，充其量只能算作财富的"保管员"，但是因为囤积了成千累万的海量资金并在一定程度上支配其流转，因而具有"牵一发动全身"的功效。殷鉴不远，历史上每当金融产业的发展脱离了实体经济基础时，往往会带来虚拟经济的泡沫化现象，最终一个个实体企业也如多米诺骨牌一般轰然倒塌……

如果没有金融革命，就没有工业革命；如果没有英国金匠将存放在手上的资金用于投资，就没有近代银行；如果没有1666年9月燃烧了五天五夜的伦敦大火，就没有世界上第一家火灾保险营业所；如果没有美国商人弗兰·麦克纳拉在外就餐时忘带现金，就没有现代信用卡；如果没有美国大萧条时期的大量违约，就没有评价机构的横空出世[①]……无数鲜活的实例告诉我们，金融是为了解决人类生活中遇到的经济问题而诞生的，金融实践与人的交往、物的流动、资金的交换、社会的互动息息相关。相关论述在中国古代典籍中早有记载。

故待农而食之，虞而出之，工而成之，商而通之……人各任其能，竭其力，以得所欲。故物贱之征贵，贵之征贱，各劝其业，乐其事，若水之趋下，日夜无休时，不召而自来，不求而民出之。岂非道之所符，而自然之验邪？

——《史记·货殖列传》

---

① 奇波拉. 欧洲经济史：第二卷 [M]. 贝昱，张菁，译. 北京：商务印书馆，1988：454.

　　译文：所以说大家都靠农民的耕种才有吃的，靠虞人才能把山泽中的资源开发出来，靠工人做成各种器具，靠商人贸易使货物流通……人们各按其能力干自己的工作。尽自己的力量，来满足自己的需求。因此，东西价格低廉时，将来就会涨价，价格昂贵时，将来就会降价。这就刺激各行各业的人努力工作，以所做的事情为乐趣，就如同水往低处流一样，昼夜不停，用不着召唤，他们自己会跑来；货物用不着寻求，人们自己会生产。这难道不就证明了农、虞、工、商的工作是符合自然之道和经济法则吗？

　　生产、分配、流通、消费如水之流动，生生不息。是什么保证了这种持而不衰的永恒？唯有金融！只要人们从事商业活动，它都在那里，肩负着千钧重担，国家的繁荣离不开它。

　　19世纪英国的崛起离不开国际金本位制的确立；20世纪美国的崛起离不开布雷顿森林体系的建成。正是因为金融，能够对经济价值、风险和资本进行重新配置，并扩展配置渠道和复杂程度，才能让资金源源不断地跨越时间和空间参与到资本全球化分配中去，为实体经济的高效运行提供能量。

　　当我们穿行在涵盖不同领域、不同人物、不同产品的金融行业时，亲身感受到银行、保险、证券、基金、信托等机构各式各样的资金供求时，就会对庞大的财富规模和巨大的财富管理需求形成联想，对这个举足轻重的"千钧之鼎"形成新的认识，并衍生出无穷无尽的故事链条。

# 第二章

# 叙事的古典源流

---

历史叙事不仅是对历史事件和进程的模型化表达,更是一种隐喻陈述,它将生活事件与文化意义相联系。

——美国历史哲学家海登·怀特

传统与现代并非割裂的两个存在。虽然现代社会的技术条件、生活方式、文化形态与传统社会大相径庭。但是作为历史演化进程中的不同阶段，两者之间总是有着密不可分的联系。

在谈到现代金融活动时，人们认为很多东西是过去没有的。市场连接起五湖四海的供给与需求，相互贯通的供应链和生产网络逐渐形成，无数产业闪亮登场……经济全球化的要素悄无声息地漫溢到烟火人间的一蔬一饭里。这是商业文明发展中不可阻挡的历史潮流，它将深深浅浅的金融足印凝结成五光十色的故事，千叠万重地呈现在各类媒体上。

铺天盖地的信息流冲撞着普罗大众的视野。渴望获悉市场趋势、机构战略与人类生存关系的个体或许会在抽象晦涩的金融叙事中失望而归。"光鲜夺目"的金融与"暧昧不清"的叙述让须臾不可缺失信息的人类在雾影重重的文藻辞山中寻找出口，在身无所倚的市场旋涡中迷失方向……

朦胧而残缺的理解带来了模糊而不确定的生活。

正缘于此，我们有必要从漫长的历史链条上抽取人类文明的精髓，特别是回到古典叙事传统中汲取资源，将其投射到具体的金融写作中，重建金融故事与古典文学、现代文学之间的血脉联系，让扑朔迷离的金融叙事曝陈在历史与现实的天光之下。

## 神话的价值

究竟是什么样的内在驱动能够让远古人类思绪驰骋，在脑海中展开对未知世界的"编码行动"？当那些巧夺天工、精彩绝艳的想象幻化成一个又一个瑰丽的场景时，神话便诞生了。

这种想象力是思维意识的源头。只有瞧见自然界许许多多事物，又百思不得其解时，才会产生相应的意识。远古人将对宇宙想象的参悟以符图形式在龟壳上刻录下来，形成河图洛书。或许这是人类思维意识中最早对自然的认识，也是故事的开端。

在远古时期，"谁的故事更有意思，谁能把故事讲得更引人入胜，谁就能聚集更大的群体，建立社会，创造使用工具的传统，甚至创造出可以延续千年的文明"[1]。从崇拜天地、水火、雷电等自然力量中蕴生出对天地万物的无限崇敬，从古埃及太阳神、两河流域月神、古希腊天神宙斯到女娲造人、嫦娥奔月、哪吒闹海……东西方人根据各自的生活需要赋予神灵以性别、名称和家庭谱系，形成原初意义上的叙事思维。

"所谓神话者，原来是初民的宇宙观，宗教思想，道德标准，民族历史最初期的传说，并对于自然界的认识等等。"[2]这种认识并非一定要上升到理性认知，而是表现为外部事物与个体之间的一种直观感应。"当人们开始创作神话和崇拜神祇时，他们并非寻求一种对自然现象的正确解释。具有象征意义的故事、洞穴绘画与雕刻，乃是为了表达他们的惊奇，以及尝

---

① 西费尔. 叙事本能：大脑为什么爱编故事 [M]. 李寒笑，译. 北京：北京联合出版公司，2024：63.
② 茅盾. 中国神话研究初探 [M] //茅盾评论文集（下）. 北京：人民文学出版社，1978：242.

试将此无所不在的神秘与他们自己的生命联系起来。"①

古希腊迈锡尼文明一直是考古学的重要研究对象，存在着许多未解之谜，但在《荷马史诗》中却有零星的记载。在这部文学作品中，最具魔幻色彩的部分当属《奥德赛》，讲述了英雄俄底修斯献计攻克特洛伊后，漂流海上十年，遭遇各种神怪，历经无数艰险最终返乡团聚的故事。

这种"漂泊者叙事"运用想象力与艺术手段来展现人性的复杂与命运的无常，深深影响了后来的流浪汉叙事文学，虽然后来出现的故事在情节上会发生变化，但是外在形态却基本定型。笛福的《鲁滨孙漂流记》、艾芜的《南行记》以及大量荒野求生、孤岛探险类虚构小说和电影都曾费尽笔墨摹写流浪人的行动与言辞，难道不正是溯源于古希腊神话的某些主题吗？

在东方，神话也掀开了璀璨的一页。被视为神秘奇书的《山海经》记载了关于太阳神的故事。

东南海之外，甘水之间，有羲河之国，有女子名曰羲和，方浴于甘渊。羲和者，帝俊之妻，生十日。

——《山海经·大荒南经》

在东海之外，甘水与东海之间，有一个叫羲和国的地方。国中有一位名叫羲和的女子，她正在甘渊中洗澡沐浴。羲和是帝俊的妻子，她一共生了十个太阳。

这是东方人关于太阳神的想象。实际上，不同民族关于太

---

① 阿姆斯特朗. 神的历史 [M]. 蔡昌雄，译. 海口：海南出版社，2013：11.

阳神的认定各不相同，无论是古希腊神话中身披紫袍，头戴太阳金冠的赫利俄斯，还是古埃及象征日出和再生的凯布利，以及黄昏太阳神阿图姆，都是对太阳神的不同命名，是一种超越其他星体的至高无上的存在，能够为万物生长送去光明和温暖。

这种带有崇拜色彩的"拜物"意念构成了神话酝酿和发生的语言土壤，将对自然的认识融汇在懵懂岁月的价值观念中。"当初人民开始认真地观察太阳运行，他们实际上是迈出了认识时空世界的第一步。"① 从自然中育化而出的思想认知在代际相传中得以保存，叙事传播也由此开始了，神话成了叙事体裁的鲜明标志。

在这个意义上，对东西方古代神话的追溯与解读便显得极富价值，了解故事内容只是一个方面，更重要的是有助于我们梳理当代叙事观念、叙事结构和叙事脉络的演化路径，为人文金融叙事观的形成提供更加渊深的思考。

神话是文化的有机成分，它以象征的叙述故事的形式表达着一个民族或一种文化的基本价值观②。当有巢氏开创"构木为居"，燧人氏发明"人工取火"，神农氏教人"播种五谷"……这些或真实，或夸张，或附会的故事，都是后来人回望过去时，对上古生活模糊的想象。相传很久以前，某个地方有一种自然物，它是某种神灵，具有特异能力，当与人发生

① 傅延修. 中国叙事学 [M]. 北京：北京大学出版社，2015：5.
② 叶舒宪. 神话：原型批评 [M]. 西安：陕西师范大学出版总社有限公司，2011：8.

抗争时……

想象、口述、传播……在文字媒介诞生之前的岁月里，人类社会的原始意识就通过神话这种表现形式，作用于个体影影绰绰的精神世界，激发人类的原始想象力和狂飙激情，并逐渐内化为文化理念、价值理想和思维习惯。

现存最早的叙事歌谣《弹歌》描述了远古人制作弹弓和狩猎的情景。

断竹、续竹、飞土、逐宍。

将砍伐的野竹连起来制成弓，然后打出泥弹，追捕猎物。简短的语词串接起叙事要素，描绘出一幅栩栩如生的画面。实际上，这种人类蛮荒时期的叙事萌芽广泛存在于上古神话和民间歌谣中，并为后世叙事文本的演进提供了原初的生长点。

虽然在神话故事最初的叙述中，时间、地点、人物、事件等诸要素还处在比较含混的状态，神话思维中"并不存在对于具有经验意义的本质与偶然、真理与假象的区分"，"所以常常把单纯的表象同现实的知觉、愿望与愿望的实现、影像与实物混同起来"[①]。但是，毕竟这是人类第一次对"相传""过去""很早之前"的事实或想象进行集中呈现，并或多或少、或深或浅地将神话与宗教、仪式、风俗纠缠在一起。

恩格斯在谈到印第安人的宗教观念和崇拜仪式时指出："他们已经给自己的宗教观念——各种精灵——赋予人的形象，但是他们还处在野蛮时代低级阶段，所以还不知道具体的

---

[①] 叶舒宪. 神话：原型批评 [M]. 西安：陕西师范大学出版总社有限公司，2011：6.

造像，即所谓偶像。这是一种正向多神教发展的对大自然与自然力的崇拜。"[1] 之所以将神话放置在宗教观念中加以辨识，根本上还是源于人类探求山川日月奥秘时不仅生产出了神话故事的原初内容，也孕育出闪现在神髓里的"信仰之光"。

从语言流变上看，在神话诞生的初级阶段，自然神占据主导地位，人类对自然神的观念是崇拜而服膺的。到了英雄神阶段，神话语言开始发生变化，一定程度上表现出人类支配自然的语义。任何神话都是借助想象以征服自然力，支配自然力，把自然力加以形象化；因而，随着这些自然力实际上被支配，神话也就消失了[2]。严格意义上讲，马克思所说的神话主要指的是自然神，也就是说，当英雄神开始走入人类的视线时，自然神就慢慢退居幕后了。看看射日的后羿、填海的精卫、盗火的普罗米修斯……这些英雄神为后来叙事中的英雄主义埋下了最初的种子。

如果说神话的内在价值依托于人的精神、观念和意识，那么其表现载体就是一系列可以核验的具体故事作品，特别是当神话从上古口传叙事逐步走向秦汉魏晋乃至明清的文本叙事时，其人文价值愈发显现，呈现出一种贯通过去和未来的动态发展过程。

---

[1] 马克思，恩格斯. 马克思恩格斯全集：第21卷［M］. 北京：人民出版社，1995：106.
[2] 马克思，恩格斯. 马克思恩格斯选集：第2卷［M］. 北京：人民出版社，1972：29.

## 从《诗经》到乐府

从人类对自然界的猜想中脱胎而出的上古神话蕴含着鲜明的叙事成分，并逐渐演化为先秦时期初具规模的叙事文本，以《春秋》《诗经》为集大成。

清代学者章学诚认为《春秋》是叙事的源头，"盖文辞以叙事为难，……然古文必推叙事，叙事实出史学，其源本于《春秋》，比事属辞"[①]。比事属辞是一种只排列历史事实而不表述意见的纪事方法，作者只需要将发生的事情作一种文辞连缀即可。这种观点在源头追溯上忽略了叙事谱系中神话的价值，也没有关注到年份上比《春秋》更早的《诗经》。

确定一段话语、一个句子是不是叙事，可以从能否以这段话语或句子作为核心，逐渐扩充为一个或大或小的故事，甚至于一部叙事作品来确定[②]。前文已经对神话的叙事价值做了阐释，接下来再谈一谈《诗经》这部抒情言志的作品。

我们都曾吟诵过"昔我往矣，杨柳依依。今我来思，雨雪霏霏"的佳句，游弋在"蒹葭苍苍，白露为霜。所谓伊人，在水一方"的迷蒙念想中。"既见君子，云胡不喜？""执子之手，与子偕老"……几千年前岁月静好的安暖治愈过我们心头的哀伤。

---

① 章学诚，仓修良. 文史通义新编新注［M］. 杭州：浙江古籍出版社，2005：767.

② 谭君强. 叙事理论与审美文化［M］. 北京：中国社会科学出版社，2002：49.

《诗》三百，一言以蔽之。曰：思无邪。《诗经》中所有的诗句都是思想纯正，表现真性情的。当然，至情的流溢总是需要依托在具体的事件上。虽然《诗经》中较多篇章以抒情为主，但也存在明显的叙事特征，往往将叙事与抒情相结合。流传广泛的《氓》这样写道：

氓之蚩蚩，抱布贸丝。匪来贸丝，来即我谋。送子涉淇，至于顿丘。匪我愆期，子无良媒。将子无怒，秋以为期①。

一位敦厚的小伙，抱着布匹来换丝麻。其实他不是真的要来换丝麻，而是找个机会来谈婚事。我送你渡过淇水，一直到了顿丘这个地方才停下来。不是我要耽误佳期，只是因为你没有请来媒人。希望你不要生气，我们约定秋天为期。

这首诗以一名女子的口吻讲述了一个故事，虽然没有复杂的叙述技巧，但是展现了比较完整的故事情节，泛漫着一种清新脱俗的美感。

再看看《诗经》中的另一首诗《小雅·菁菁者莪》，其中有这样一句话。

菁菁者莪，在彼中陵。既见君子，锡我百朋②。

翻译过来就是"莪蒿葱茏真繁茂，蓬蓬生长在丘陵。已经见到那君子，赐我贝币千百朋。"

上述两个例子，一方面说明西周时期，布匹和贝币都已经成为具有交易功能的货币，其中贝币是由天然海贝加工而成的贝类货币，十贝为一朋；另一方面说明《诗经》能够在很唯

---

①　冯慧娟. 诗经［M］. 沈阳：辽宁美术出版社，2018：39.
②　冯慧娟. 诗经［M］. 沈阳：辽宁美术出版社，2018：84.

美的意境中将钱币、贸易类话题与人类情感融为一体。也可以说，叙事虽然肇始于上古神话，但又在《诗经》的熔炉中淬炼出更加清晰的叙事风格。

如果说《诗经》是由周朝的采诗之官深入民间搜罗，并由史官和乐师整理而成，那么乐府诗则是由汉代的音乐机构乐府从全国各地收集编纂。在这个意义上，《诗经》与乐府诗都是产自民间的音乐。所不同的是，《诗经》内容温柔敦厚、和谐中庸，叙事诗远少于乐府诗，乐府诗叙述的事件更富于情节性和传奇性，对喜怒哀乐的表现更为真切，可以说已经形成了比较明确、具体的写实传统及叙事方式。

班固在《汉书·艺文志》中提出"诗缘事"的观点：

自孝武立乐府而采歌谣，于是有代赵之讴，秦楚之风，皆感于哀乐，缘事而发，亦可以观风俗，知薄厚云。

这种"感于哀乐、缘事而发"的创作贯穿于汉代叙事诗歌中。"乐府往往叙事，故与诗殊。"[1] 汉乐府由抒情转向写实，通过人物语言和行动来表现人物性格，在叙述时并不像《诗经》那样直接抒情，往往直陈其事，清新质朴的语言中蕴含感情，虽然不对事件作首尾圆和的整体叙述，但还是会选择具有代表性的情节，呈现事件发生的场面和人物形象。如我们熟悉的《孔雀东南飞》《陌上桑》和《饮马长城窟行》。

《饮马长城窟行》描写了一位女子思念远行的丈夫，突然远方客人送来丈夫的书信，体现了女主人公从望眼欲穿到惊喜

---

① 何文焕. 历代诗话 [M]. 北京：中华书局，1983：769.

激动再到复归平静的心情，语言朴素流畅，情真意切，感人
肺腑。

> 青青河畔草，绵绵思远道。
>
> 远道不可思，宿昔梦见之。
>
> 梦见在我傍，忽觉在他乡。
>
> 他乡各异县，辗转不相见。
>
> 枯桑知天风，海水知天寒。
>
> 入门各自媚，谁肯相为言。
>
> 客从远方来，遗我双鲤鱼。
>
> 呼儿烹鲤鱼，中有尺素书。
>
> 长跪读素书，书中竟何如？
>
> 上言加餐食，下言长相忆。

看着河边的青青草，连绵不断伸向远方，让我想起远方的
良人。只因路途太远，思念徒劳，那就在梦中与他相见吧。梦
中见他在我的身旁，醒后发现仍在他乡。他乡各有不同的地
方，作客的人行踪无定。枯萎的桑树也能感受到天边的风，冰
凉的海水也能知道天边的寒凉。同乡的游子回来只顾和家人团
聚，有谁肯告诉我他的讯息呢？忽然有位客人从远方回来，为
我带来两条鲤鱼。赶紧唤儿去烹饪，却发现鱼腹中藏着书信。
看看信中说了什么？前半部分嘱咐我保重身体，后半部分诉说
着相思之苦。

上述故事巧妙采用化虚为实的形式来展示人物的内心活动
和精神世界。读者在欣赏这则故事的情节时，循着人物的感受
产生了同情、共鸣，甚至借着诗作抒发自己心中的悲喜。这让

笔者想起金融活动中合作的欣喜，失败的沮丧……

当我们希望对金融从业者的丰富心灵世界进行表达时，是否也可以从乐府诗文中汲取真情挚意的审美价值呢？

再来读读乐府诗中的《羽林郎》。

> 昔有霍家奴，姓冯名子都。
> 依倚将军势，调笑酒家胡。
> 胡姬年十五，春日独当垆。
> 长裾连理带，广袖合欢襦。
> 头上蓝田玉，耳后大秦珠。
> 两鬟何窈窕，一世良所无。
> 一鬟五百万，两鬟千万余。
> 不意金吾子，娉婷过我庐。
> 银鞍何煜耀，翠盖空踟蹰。
> 就我求清酒，丝绳提玉壶。
> 就我求珍肴，金盘脍鲤鱼。
> 贻我青铜镜，结我红罗裾。
> 不惜红罗裂，何论轻贱躯。
> 男儿爱后妇，女子重前夫。
> 人生有新旧，贵贱不相逾。
> 多谢金吾子，私爱徒区区。

这首诗交代了故事发生的地点在一家酒肆，人物是霍家奴冯子都和年方十五当垆卖酒的胡姬。诗歌虽无曲折的情节和离奇的故事，但将男女主人公的性格特征刻画得惟妙惟肖，特别是胡姬义正词严、机智委婉的特点非常鲜明，在特定场景中完成了一次较好的叙事。

汉乐府的叙事诗不太追求细节真实与情节完整，倾向于采用夸张、排比与铺陈的手法，与《诗经》的叙事相比，抒情成分在减少，叙事要素在增加。

需要特别指出的是，"头上蓝田玉，耳后大秦珠""两鬟何窈窕，一世良所无。一鬟五百万，两鬟千余万"等诗句展现出胡姬头上戴着蓝田美玉制作的饰物，耳上戴着大秦宝珠做的耳环，两个发鬟上佩戴了许多用于装饰的珍珠和海贝。虽然这则故事的主旨不关涉金融，但是人物衣着、发型以及这些内地稀有饰品都属于经济金融范畴的物件，让人真切地感受到汉代丝绸之路的通商对民众生活产生了重要影响。

对《诗经》《乐府》这些几千年前"国学精粹"的追溯理解是我们认识和塑造现代金融叙事理念与技法的重要方式，看似与现代金融叙事没有什么关联，实则通过对叙事源头的挖潜，我们可以更好地理解叙事的真正价值，更好地把握人类究竟需要什么样的叙事。

实际上，汉赋也是中国古典叙事的一座高峰。汉赋对《诗经》和汉乐府进行了继承与发展，特别注重描写的精致细腻、辞藻的华美富丽、词句的反复敷陈和语言的骈辞押韵，减少了诗歌抒情成分，增强了文学叙事倾向，为细描手法在现代金融叙事中的运用提供了借鉴，在此简略。相关内容将在第五章第三节"细描和跳笔"中呈现。

## 戏剧、评书与小说

公元前 4 世纪，亚里士多德在《诗学》中阐述了对戏剧本质的认识。"有人说，此类作品之所以被叫作戏剧是因为它们摹仿行动中的人物。"① 什么是摹仿？它是由演员运用对话、歌唱或动作将某个故事或情境表演出来，呈现给观众一种包括视觉、听觉、身体和语言的全方位的、综合的形象。

虽然中国戏剧艺术最早可以追溯至先秦到汉这一阶段颇具表演性的祭祀活动，但是真正意义上的戏剧诞生是需要条件的，"都市的出现、商品经济的发达、市民阶层的大量存在和艺术经验充分的积累都是先决条件。而这些条件直到北宋末，即十二世纪初才完全具备"②。因此对宋以后较为成熟的戏剧的观照，有助于探究这种摹仿行为是如何一步步演化为观众喜闻乐见的艺术形式，又可以从哪些方面为现代金融叙事提供实实在在的养分。

为此，向京剧的经典唱段进行回顾就显得师出有名了。京剧剧目《锁麟囊》是程砚秋设计的唱腔，讲述了登州富家小姐薛湘灵出嫁时避雨春秋亭，听到同日出阁的贫女赵守贞的啼哭声，于是以装满珠宝首饰的锁麟囊相赠。六年后薛湘灵遭水

---

① 亚里士多德. 诗学 [M]. 陈中梅，译注. 北京：商务印书馆，1997：42.
② 张庚，郭汉城. 中国戏曲通史（上）[M]. 北京：中国戏剧出版社，1980：77.

灾落难，流落至富户卢家当保姆，发现卢夫人正是赵守贞，赵守贞敬其为上宾，此时湘灵一家寻亲而至，骨肉得以团圆，湘灵与卢夫人亦结为姐妹。

请看"西皮原板"和"西皮流水板"两种曲调的唱词。

西皮原板：

当日里好风光忽觉转变，霎时间日色淡似坠西山。在轿中只觉得天昏地暗，耳听得风声断、雨声喧，雷声乱，乐声阑珊，人声呐喊，都道说是大雨倾天。那花轿必定是因陋就简，隔帘儿我也曾侧目偷观。虽然是古青庐以朴为简，哪有这短花帘、旧花幔，参差流苏残破不全？

轿中人必定有一腔幽怨，她泪自弹，声续断，似杜鹃，啼别院，巴峡哀猿动人心弦，好不惨然！于归日理应当喜形于面，为什么悲切切哭得可怜！那时节奴妆奁不下百万，怎奈我在轿中赤手空拳。急切里想起了锁麟囊一件，囊虽小却能做续命泉源。

西皮流水板：

有金珠和珍宝光华灿烂，红珊瑚碧翡翠样样俱全。还有那夜明珠粒粒成串。还有那赤金链，紫瑛簪，白玉环，双凤鏊，八宝钗钏，它一个个宝蕴光含。这囊儿虽非是千古罕见，换衣食也够她生活几年。

西皮是一种明快活泼的曲调，但是"西皮原板"节奏更舒缓、速度稍慢，像娓娓道来一样，常用于叙事、抒情和描景。上文描写"在轿内只觉得天昏地暗，耳听得风声断，雨声喧，雷声乱，乐声阑珊，人声呐喊，都道说是大雨倾天"。这种抑扬错落、幽咽婉转的新腔是程派京剧的特点，在若断若续、如泣如诉中传达出一种真实的人间情感和惊人美感。

相较之下，"西皮流水板"的节奏紧凑、速度稍快、叙述性强，"有金珠和珍宝光华灿烂，红珊瑚碧翡翠样样俱全"。"还有那赤金链，紫瑛簪，白玉环，双凤鐎，八宝钗钏，它一个个宝蕴光含。"这种描写就像流水般连绵不绝，表现出一种激昂的情绪。

然而，在金融叙事中，从未有人提及要向戏剧取经，毕竟现代金融是"高大上"的行业，怎么能与农耕时代的戏词相连呢？这是一种门户之见。请看《锁麟囊》中的唱词，涉及各种金银珠宝的描绘。为什么读起来非常生动？因为画面感强，人物形象刻画淋漓尽致，而这些东西从古至今都是相通的。

实际上，戏剧唱词中的人物形象一方面由编剧进行加工，体现了编剧的想法和情感，另一方面演员在实际演出中也会掺杂自己的理解与体悟，通过歌舞等声音和肢体语言对人物形象进行"再现"，展现出一种"代言体"特征。与这种"代言体"相反，评书艺术则是通过第三人称口吻，以口语来讲说故事。

明末文学家张岱在《陶庵梦忆》中描绘了柳敬亭说书的场景。

南京柳麻子，黧黑，满面疤瘰，悠悠忽忽，土木形骸。善说书。一日说书一回，定价一两。十日前先送书帕下定，常不得空。南京一时有两行情人，王月生、柳麻子是也。

余听其说《景阳岗武松打虎》白文，与本传大异。其描写刻画，微入豪发，然又找截干净，并不唠叨。哼夹声如巨钟。说至筋节处，叱咤叫喊，汹汹崩屋。武松到店沽酒，店内无人，暴地一吼，店中空缸空甓，皆瓮瓮有声。闲中著色，细微至此。主人必屏息静坐，倾耳听之，彼方掉舌，稍见下人咕哔耳语，听者欠伸有倦色，辄不言，故不得强。每至丙夜，拭桌剪灯，素瓷静递，欵欵言之，其疾徐轻重，吞吐抑扬，入情入理，入筋入骨，摘世上说书之耳，而使之谛听，不怕其齰舌死也。

柳麻子貌奇丑，然其口角波俏，眼目流利，衣服恬静，直与王月生同其婉娈，故其行情正等①。

柳敬亭讲故事既重视细节描摹，又不拖泥带水，而且伴随着不同的故事情节使用不同的声音腔调与肢体语言。黄宗羲在《柳敬亭传》中评价他："每发一声，使人闻之，或如刀剑铁骑，飒然浮空；或如风号雨泣，鸟悲兽骇。亡国之恨顿生，檀板之声无色。"

---

① 张岱. 陶庵梦忆［M］. 胡志泉，注. 北京：北京联合出版公司，2017：46.

**醒木一方惊四座，谈天说地论古今①**

通过上文描述，可以想见，说书人帘里徘徊，抵掌谈天的情景，通过角色的跳进跳出，对事理书情进行叙述点评，时而意气如山、风雨飒沓，时而片言落地、落魄风尘，淋漓尽致地展现出口头表演的特点和法则。

如果说戏剧演员的现身代言可以借鉴到金融叙事中，体现为由演员通过戏剧、电影、电视剧来表现金融参与者的经历，或者由金融参与者主动讲述自身酸甜苦辣的故事，那么说书人这种三者视角可以体现为记者对金融参与者生存状态的眷注，甚至也可以考虑以评书形式来讲述金融故事，岂不是比一般的文字故事更具有现场感染力？

再来谈谈小说，真正意义上第一次正式反映中国古代商品

---

① 本书插图均为笔者自绘。

经济和市井文化发展的小说当数宋元话本，"以俚语著述，叙述故事，谓之'平话'，即今所谓'白话小说'者是也"①。宋元话本中有大量商人活动和市民生活的记载，可以从一些侧面反映当时的社会情况，同时比之前的文言小说更加通俗易懂，能够给当下的金融叙事提供有益参酌。

"中古及近代之小说，在作者本明告人以所纪之非事实，然善为史者，偏能于非事实中觅出事实。水浒传中鲁智深醉打山门，固非事实也，然元、明间犯罪之人得一度牒即可以借佛门作遁逃薮，此却为一事实。《儒林外史》中胡屠户奉承新举人女婿，固非事实也，然明、清间乡曲之人一登科第，便成为社会上特别阶级，此却为一事实。此类事实，往往在他书中不能得，而于小说中得之。须知作小说者无论骋其冥想至何程度，而一涉笔叙事，总不能脱离其所处之环境，不知不觉遂将当时社会背景一部分以供后世史家之取材。"② 实际上，金融叙事范畴中的电影、小说等体裁就擅长从非事实中寻觅出事实，虽然整体上看是虚构的故事，但是具体的细节和逻辑又契合实际生活中的情况，能够展现特定时空背景下为资本裹挟的每一位苍生黎庶起伏沉吟的身影。

西方小说史上也存在类似情况，比如通过虚构的故事反映现实中人们对金融投机合法性的探寻，表达对金融道德主义的理解。"在小说领域，金融投机也是一个可靠的可预测情节和叙述确定性的来源：泡沫将破裂，欺诈将被揭露，投机梦想的

① 鲁迅. 中国小说史略［M］. 长沙：湖南大学出版社，2014：72.
② 梁启超. 中国历史研究法补编［M］. 北京：中华书局，2015：64-65.

残酷乐观主义将被揭示为虚幻。"① 在 19 世纪中叶的金融小说中，关于金融投机的描写如过江之鲫，狄更斯的《小杜丽》，特罗洛普的《我们现在的生活方式》，查尔斯·利弗尔的《达文波特·杜恩》……

小说家在思考爱情和自私上做得更好。人们很早就意识到，最先让商业自私变得臭名昭著的是小说家而不是经济学家。最早描写资产阶级的，主要是小说家、诗人和剧作家，而非社会理论家②。不可否认，在展现人物经历和事件发展过程方面，小说具有先天优势，能够在时代的万千气象中捕风捉月，提升叙事的艺术效果。

无论是通过对自己讲述，还是通过阅读、倾听、为他人讲述或写作来形成叙事，它们依赖并表达了人类的远见和模拟能力。它们允许未来被想象、表达、传达、思考、构思。然后可以采取行动，使未来成为现实③。随着宋元话本向明话本的过渡，小说文体更加规范。我们可以读一读明代小说家凌濛初的《初刻拍案惊奇》。书中有一篇《转运汉巧遇洞庭红》的白话短篇小说，讲述明朝成化年间苏州人文若虚在国内第一次经商遭遇自然风险的经历。

① COLELLA S. Speculation and social progress：financial and narrativebubbles in charles lever's davenport dunn［J］. Estudios Irlandeses, 2019—2020（14）：13.
② 麦克洛斯基. 经济学的叙事［M］. 马俊杰，译. 桂林：广西师范大学出版社，2023：185.
③ CHONG K, et al. Constructing conviction through action and narrative：How money managers manage uncertainty and the consequence for financial market functioning［J］. Socio-Economic Review, 2014（5）：14.

一日，见人说北京扇子好卖，他便合了一个伙计，置办扇子起来。上等金面精巧的，先将礼物求了名人诗画，免不得是沈石出、文衡山、祝枝山拓了几笔，便值上两数银子。中等的，自有一样乔人，一只手学写了这几家字画，也就哄得人过，将假当真的买了，他自家也兀自做得来的。下等的无金无字画，将就卖几十钱，也有对合利钱，是看得见的。

文若虚为经营活动做了充足准备，根据获知的商业信息置办货物，又根据客户群体的消费能力将货物分为上中下三种，扩大了潜在消费群体。

岂知北京那年，自交夏来，日日淋雨不晴，并无一毫暑气，发市甚迟。交秋早凉，虽不见及时，幸喜天色却晴。有妆晃子弟要买把苏做得扇子，袖中笼着摇摆。来买时，开箱一看，只叫得苦。元来北京历却在七八月，更加日前雨湿之气，斗着扇上胶墨之性，弄做了个"合而言之"，揭不开了。用力揭开，东粘一层，西缺一片，但是有字有画值价钱者，一毫无用。止剩下等没字白扇，是不坏的，能值几何？将就卖了做盘费回家，本钱一空，频年做事，大概如此。

自然气候的突然变化导致商品毁损，无法出售，商业活动最终告以失败。虽然这则故事讲述的是经商经历，但这种经历与自然气候、人物心理融为一体，口语化的描述又显得生动耐读，让人读来沉潜含玩，颇有劲道。

明代讲述商业贸易的小说常常会将气候状况与经营活动进行交融描绘，比如讲述海外贸易时，总是会有一些笔墨用来描述海上气候的恶劣多变。明末文学家李渔在小说《无声戏》

中讲述了秦世良海外经商途中遇见风暴的情景。

忽听得舵工喊道："西北方黑云起了，要起风暴，书收进岛去。"那些水手听见，一齐立起身来，落篷的落篷，摇橹的摇橹，刚刚收进一个岛内，果然怪风大作，雷雨齐来，后船收不及的，翻了几只。

清代白话小说《鸳鸯针》讲述了因气候突变而获取商业利益的故事。以贩米为生的吴元理将 1 300 多担米寄存在牙行，继续南下收米。但是那年因雨水过多，农业歉收，各地均发告示：

二麦不收，生民嗷嗷，新受迟早二稻，一概不许出禁。如有私下贩籴者，闻风振官，即将贩籴之米给赏，仍拘本人重处。

吴元理得到禁米消息后的第一反应是，"各处禁米，米价自然要涨。我所囤的货，大是着手"。不久天晴，米价上涨，牙行的主人趁机将米卖了，大赚了一笔。小说刻画了人物敏锐抓住政策变化，精确预测市场趋势的心理。

同一般的纪实写作相比，小说笔法往往更加鲜明、灵动、跳跃，纪实写作由于受到真实性的束缚，往往笔法更加理性、干练、平实。撇开真实性不谈，仅从语言上来说，有的小说语言平实中略带雄浑，有的质朴中掺杂婉柔，阅读中并不会觉得与纪实写作描摹的真实场景有什么差异。相反，读者更容易为形象丰富而充满想象力的小说笔法所吸引。

经济学作者必须是个小说家或者诗人，也就是说他必须使用故事或者隐喻①。如果金融叙事也能够从中国古典小说的语言风格和写人状物的方法中吸收经验，那么叙述空间就会进一步打开，金融故事的仓库也会更加色彩斑斓。

汝要写金融，功夫金融外。无论是戏剧、评书还是话本小说，都是在人类的精神领域进行审美建构，希望通过一个个好故事刻写人类的心理状态，实现对人的终极关怀。因此在进行金融故事创作时，首先应当关注的是如何借用文本来接续民本理念，重拾中国本土叙事传统的文化底色，并从由古至今积累而成的叙事经验和人物塑造技巧中获得一些真真切切的启示，推动金融故事与芸芸众生之间的"化合反应"。

今天从事国际贸易、投资管理和融资租赁等各项业务的金融机构，在不断重复抽象叙事的同时，是否可以驻足凝思，从中国古典戏剧、评书与小说中剔微索隐，得到一些实实在在的教益呢？

## 古典叙事的现代转化

古典文学为我们提供了日后几乎所有叙事形式的原型及其互动和演化进程的主导范式②。无论是瑰丽的神话、纯净的《诗经》、传奇的乐府还是悠长的戏剧、洗炼的评书、曲折的

---

① 麦克洛斯基. 经济学的叙事 [M]. 马俊杰，译. 桂林：广西师范大学出版社，2023：37.
② 斯科尔斯，费伦，凯洛格. 叙事的本质 [M]. 于雷，译. 南京：南京大学出版社，2015：58.

话本小说，都是人类古典文明园圃中缔结而出的奇花异卉。那些记事明晰、情节生动、形象鲜明的篇章词段，承载着一个又一个引人入胜的故事，开启了叙事思维的闸门。

我们不禁要问：这些从千百年历史风烟中脱颖而出的作品，是否还能在物欲横流的商业社会保持长盛不衰的生命力？近二三百年甚嚣尘上的金融大叙事能否从中获取货真价实的灵感？

故事总是在特定的社会文化生态中应运而生，并从叙述内容、叙述结构和叙述方式上形成规范。乐府诗中的"问答句式"通过主人公的对话，增强冲突感与现场感，这不正是徘徊在数字与符号间的金融叙事所缺少的画面吗？评书与话本小说中某些英雄人物闪耀的伦理道德光辉暗合了当时的社会需求，这不正是在利益争夺中狼奔豕突的金融资本重返道德原则的征途星光吗？

循着古典叙事传统溯源，不仅能够激活我们对于当下金融业宏大叙事的想象，也有助于金融机构将财富增长与优秀传统文化深度融合，站在关怀人类前途命运的历史进程中思考金融叙事的来路与归途，使经济发展在创造丰饶物质的同时，促进人的精神境界与道德境界的提升。

如果说古典文本通过撷取古人生活中的吉光片羽沉淀为民族历史记忆的话，那么今天的金融叙事文本应当聚焦金融行业的资金流动、风险管理，并与人类的文化信仰、情感道德等非经济因素形成多维互动，将金融产品机制、流通形式与组织方式放置在中华文化的谱系中进行解读，不仅对金融行为与金融政策展开表象分析，更延伸至人类精神和社会价值的广阔领域。

诺贝尔经济学奖得主德隆·阿西莫格鲁和詹姆斯·A. 罗宾逊在《国家为什么会失败》一书中详细讨论了经济制度、政治制度与文化之间的复杂关系，指出经济的成败不仅取决于经济制度，还与文化、历史和社会结构等人文因素紧密相关[1]。作为经济活动血脉的金融业概莫能外，它深深嵌入社会文化、价值观念和人文精神的广阔背景中，联结起商业社会的方方面面。

既然任何金融活动都是在一定历史、文化和价值观条件下展开的，那么通过金融叙事讲述潜藏在金融活动背后的历史脉络和成因机制便显得切中肯綮，因为金融决策和行为不是独立于历史文化之外的某种先在之物，而是受到人类情感驱动和道德判断的深深影响，这一切又因文化信仰和风俗习惯的不同而呈现多元差异。

我们还不知道外在的一些事实（物理的和生理的）如何在人心中产生一定的思想和意志，而终于有了具体的行为，我们就得面对这道无法超越的壁垒：方法论的二元论……理智和经验都告诉我们，有两个个别领域：一是物理现象、化学现象、生理现象的外在世界；二是思想、感情、价值取向和有目的的行为的内在世界。就我们今天所知道的，这两个世界还没

---

① ACEMOGLU D, ROBINSON A. Why nations fall：the origins of power, prosperity, and poverty ［M］. New York：Crown Publishers, 2012：416-424.

有桥梁联系起来①。因此，真正的金融叙事不能将目光仅仅聚焦于财富增长，更要注重财富增长如何提升个体的尊严和幸福感。

中国古典叙事传统与现代金融叙事的糅合，让广泛存在于古典文本中的"以人为本""仁爱""和谐"等理念崭露头角，为现代金融叙事的话语建构提供了思想底蕴与理论根基，也与马克思主义倡导的人的解放、人的自由而全面发展殊途同归。

马克思曾经一针见血地指出："国民经济学由于不考察工人（劳动）同产品的直接关系而掩盖劳动本质的异化……劳动为富人生产了奇迹般的东西，但是为工人生产了赤贫。劳动生产了宫殿，但是给工人生产了棚舍。劳动生产了美，但是使工人变成畸形。劳动用机器代替了手工劳动，但是使一部分工人回到野蛮地劳动，并使另一部分工人变成机器。"② 正是因为站在人道主义立场审视劳动，马克思才能发现劳动背后政经与生命个体的关系，将劳动视作价值的真正源泉和社会财富形成的根本动力。

金融叙事同样应当将人的价值和归宿置于首要考量位置，在不确定环境下进行资源跨期配置过程中，以顺民心为本，以厚民心为本，以安而不忧为本。这种金融叙事可以为理解现代

---

① 柯兹纳. 米塞斯评传：其人及其经济学［M］. 朱海就，译. 上海：上海译文出版社，2010：66.
② 马克思，恩格斯. 马克思恩格斯文集：第 1 卷［M］. 北京：人民出版社，2009：158-159.

金融市场的演进及其映衬之下的生命张扬提供更加全面多维的视角。

一名投资人员在谈到投资过程的痛苦等待时，曾经这样吐露心声。

"每当守着股市波浪线，盼着抄底时，感觉自己就像是茫茫大海上的一叶孤帆，船欲静而风不止。"说这话时，投资人员有些感伤。权益投资之苦不仅体现在研究工作之艰辛、调研旅途之劳顿，真正的苦是煎熬与忍受。"我曾经的一只重仓股，跟踪了3年不涨，而期间至少有过3次跌停，虽然最后收益颇丰，但是个中滋味只有自己明白。"

具体投资方法很难区分出高低优劣，关键是要和投资者的知识结构、资源禀赋、情绪管理能力相契合。当你屡战屡挫的时候，迷茫而不甘心的时候，碰巧又赶上孩子生病、爱人出差、业绩考核……万般压力，无处遁身，突然间一股辛酸入喉。

人性、亲情在心理大战中闪回，有时候获得点拨后实现翻盘，但往往心怀愧疚。

股权项目也很熬人，特别是夜阑人静时还在准备许多项目材料，望着窗外的万家灯火，有一点"情到深处总寂寥"的味道。

正是这个行业许许多多的奋斗者将青春、汗水和眼泪倾注给工作，倾注给那些需要资金的企业，让原先势头向好的企业乘着风口扶摇直上，让原先濒临衰溃的企业起死回生。

他们守着资金的出口，把神州大地装点得富丽堂皇、熠熠生辉。

中国古典叙事传统是传统文化的一部分，也是一种作用于人类心灵和思想的启蒙力量。"顺天意者，兼相爱，交相利，必得赏；反天意者，别相恶，交相贼，必得罚。"① 墨子认为只有遵循自然和社会发展规律，无差别地爱百姓并帮助他们致富，才能得道多助，如果违背天意，互相讨厌，彼此互害，就会被天道惩罚。

如果将墨子的观点应用到金融叙事领域，无异于一种极高的智慧引领。市场交易不是厮杀搏斗与零和博弈，而是多方共赢实现互惠互利。金融故事叙述者必须以自律方式约束行为，秉承财富成果由民众共享的逻辑，将古典民本传统、现代财富追求和金融好故事凝聚在一起。

民不益赋而天下用饶。融合民本理念的金融叙事应该包含两个层面的内涵：一是以故事为载体来记录金融事件、讲述金融故事，当然也包含由真实事件变形或改造而来的故事；二是通过作品本身擘画家国命运，"以言行事，以言经国"，让金融故事以其全部内容和形式参与社会历史建构。

第一个层面在实践中更易操作，第二个层面往往容易被忽略。比如，某项金融政策出台的根本目标是实现物的全面丰富和人的全面发展，那么关于该项政策的新闻报道就不应该只是满足于政策的传达或是板起面孔、冰冷说教，而是要深挖政策背后的价值与意义。如果该项政策涉及改善弱势群体的生存生

---

① 墨翟. 墨子 [M]. 焦帅评，译. 北京：北京联合出版公司，2017：60.

活条件，那么就应当在叙事脉络中揭示出来。

一个坚持诚信、自律原则的记者或者金融机构不会对民生疾苦置若罔闻，而是会站在民本立场开诚讲故事，将高度逐利的市场经济导向人伦与人道。当然在具体的叙事实践中，民本追求不应当成为金融叙事的人文装饰与招牌幌子，因为民本的根本指向是服务社会的整体福祉，而不是某一人、某一机构的广告营销。

古典叙事的现代转化提供了鉴照当下金融机构和市场体系的历史源流。民本文化与金融叙事的合璧打开了人文金融叙事观念的新窗口，具有中华气质的金融好故事正向我们走来。

# 第三章

# 抽象金融：数字与符号的叙事重构

---

　　人们的行为更多地依赖于"叙事"，而不是硬数据和复杂的公式。人们通过"叙事"看待世界的方式是集体决策过程的一个缩影，无法套用任何数学模型。

——诺贝尔经济学奖得主罗伯特·希勒

如果一幅画作缺少对自然物象的真实描绘，仅仅将形体、线条、色彩漫不经心地铺陈在画布上，我们是否还能穿透抽象的帷幔，认识与理解它的含义呢？

实际上，人类对抽象符号的崇拜与敬畏由来已久。我们可以在已经发掘的旧石器时代洞穴壁画和石刻雕像中看到各种夸张、写意的画法。这种画法后来逐步演化为成熟的抽象绘画，甚至宣称可以将色彩的灵魂与命运引向永恒，成为 20 世纪炙手可热的艺术风格。

形式语言的抽象与几何化确实能让艺术家摆脱具体物象的束缚，运用颜色、直线、方块、纹理自由传达"千姿百态"的情感，但笔者从心底并不太青睐这种抽象艺术，至少一眼望去，主题、逻辑和故事都捉摸不定，有一种雾里看花、水中捞月的感觉。

如果说书画艺术还可以通过线条的长短粗细，结字的轻重宽窄，章法的参差错落来表达情感变化，那么金融叙事的情感抒发主要依赖的还是文字以及依托文字拍成的影像。当然，有些金融艺术博物馆以呈现金融器物为宣传噱头，但其影响力与覆盖面依然非常有限。

艺术门类都是首先诉诸视觉审美的，如果不能第一时间吸引观者的目光，甚至在绞尽脑汁、反反复复地琢磨探究之后，依然一头雾水、恍恍惚惚，那就不可避免地陷入一种抽象的迷茫。

这与繁杂的数学研究还不太一样，数学虽然看似是一门抽象的学问，但是当你沉浸在推演、归纳、计算过程中时，每一个数字、符号和图形都附着在一个特定的逻辑链条上，大脑中兴奋的"数学神经元"习惯于沿着这条路径对密密麻麻的公式与图形作出反应，"当我们凝视圆的时候，圆实际上也在注视着我们，因为它们就在我们所爱之人的眼睛里，在他们的瞳孔和虹膜的圆形轮廓中。圆不仅涵盖了实用物品和情感信物（比如车轮和钻戒），还很神秘。它们的永恒轮回让人联想到季节的循环、转世、永生和无尽的爱"①。当局者也就顺理成章地通过思考和演算抵达生命深处的"乐在其中"了。

音乐演奏同样如此，虽然阿拉伯数字和高低长短音符构成的乐谱在形式上令人眼花缭乱，但是演奏者只要洞悉不同节奏和节拍组合其实就是数学比例和分数在乐理中的应用时，就能够选择恰当的节奏和节拍，演奏出动人心弦的乐曲。

受伤的或许只是金融。


## 在数字与符号间

数学的逻辑美并没有为金融所承继。倚重数理运算的金融业没有实现让人"乐在其中"的效果。形形色色的数字似乎只是停留在植被表面随时可能蒸发的露珠，难以沁入泥壤中润化万物，因而缺少一种叩击人类灵魂的穿透力。

举凡三百六十行，似乎还没有哪个门类像金融行业这般抽象莫测、晦涩艰深。这绝非危言耸听，看看教育、医疗、电力、农林、文化、餐饮……每个行业都能讲出点故事来，童蒙

---

① 斯托加茨. 微积分的力量［M］. 任烨，译. 北京：中信出版社，2021：22.

养正的学生、救死扶伤的医师、栉风沐雨的电工、花团簇拥的林场、群星荟萃的思想、烈火烹油的美食……

但当你面对层出不穷的各类理财产品名称时；当卷帙浩繁的告知说明书用密密麻麻的条款要求你签字"画押"时；当枯燥的数字与深奥的术语充斥着大脑时，一种眩晕模糊的感觉涌上心头，或许那是人类对抽象概念的天然排斥，是一种源自心底的本能的"情感抵触"。

如果有人问起什么是"大小非解禁"、逆操作或者 MBO、LPR 时，你能迅速清晰地用通俗语言说出来吗？虽然我们可以通过网络检索工具快速了解这些概念，但是没过几天就抛之脑后了，它们并没有在人类大脑的深层沟壑里"安家"，如落叶蓬尘，一掸即飞。

如果整个金融行业的叙事风格只是被指数、利率、汇率等符号化的财富衡量指标或者是冷冰冰的数据裹挟，终将走向曲高和寡的自说自话，并在作茧自缚中围拢起一个高城深池的独特场域，与真正的烟火民生"更隔蓬山一万重"，看看财经媒体上那些干瘪苍白的语言和生硬呆板的文风，外行看不懂，内行不想看……

前面章节论述过金融是推动国家繁荣的重要力量，具有牵一发而动全身的魔力。如此力重千钧、羁绊众生的金融行业，难道就是用百转千绕的运行逻辑和"见事不见人"的变幻莫测来回馈民生的吗？

一位金融行业的资深人士说过这样一段话。

烟火众生们对金融机构的感受并不立体，他们更希望从报刊、广播电视或者新媒体上找到能够深入浅出讲述金融机构业务运作的情节桥段，但是往往无从寻觅。他们只是在最常见的存款与信贷业务上粗浅地认知金融机构，有余钱的人或许会购买一些寿险和财险产品，或者在赚钱动机的驱使下，冲进基金和股市的大潮。

抽象数据组成的大量经济信息并没有给社会民众带来可观可感的直接形象，他们不清楚置身其中的金融行业运行的底层逻辑，也不了解这些业务数值是怎么生产出来的。他们只是对一些比较形象直观的"涨跌""盈亏"感兴趣。

金融是经济系统中制度、工具和运作规律的集结，或者说是一种虚拟经济。前文也谈到了金融行业并不生产实实在在的"有形产品"，其利润归根结底溯源于实体生产性经济，因而决定了组成金融体系的货币、市场、机构、工具等元素与人类脑区之间存在着一个"连接鸿沟"。

这一鸿沟表现为金融行业或者说是金融学将原本可以用通俗语言说明的问题，拐弯抹角转几圈，并以玄奥的数字与符号面世。一些研究者甚至认为金融研究只有追求新奇独特的术语才能显得高深厚重，似乎金融学的理论大厦能够因为一些新语言和新概念的引入而稳固地基，这种对"学问时尚"的热衷恰恰证明了"思想淡出"。不幸的是，这种现象在竞相模仿中早已蔚然成风。

参天入云的恢宏大楼、光鲜气派的西装革履、四四方方的公文包……华尔街财团从理念到器具上的一整套发明舶来中华，成为金融机构从业人员的标配。这种形式上原原本本的复制，取代了钱庄和当铺等中国传统金融行业的砖木房舍，划定了当代金融从业人员的服饰与业务范畴，也决定了他们的工作方式和语言风格。

传统商业活动中泛滥而出的金融文化也随着这种外在形态的嬗变而演化。如果有益社会，全盘复制未尝不可。但是，在这些摩天高楼和电子化交易系统构筑的现代金融体系中，连同股票市场、信用额度、复杂金融产品和跨国贸易一起被生产出来的还有金融机构的高度专业性和抽象性，遁身其间的数字与符号掩盖了活色生香的故事，一些故弄玄虚，非洋非土的词句开始甚嚣尘上。

请看下面的一段叙事。

5月11日，央行如期公布4月金融数据。数据显示，前四个月人民币贷款增加10.19万亿元，其中4月新增人民币贷款7 300亿元，同比多增112亿元。

4月末，广义货币（M2）余额301.19万亿元，同比增长7.2%，增速比上月末低1.1个百分点；狭义货币（M1）余额66.01万亿元，同比下降1.4%，增速较上月末低2.5个百分点。

社融方面，2024年前四个月社会融资规模增量累计为12.73万亿元，比上年同期少3.04万亿元。社会融资规模存量为389.93万亿元，同比增长8.3%。

在专家看来，4月数据显示，实体信贷需求不足再次得到印证，政府债券发行待提速，居民和企业行为趋于谨慎，导致社会融资规模存量和贷款余额增速未改下行趋势。

"在经济转型背景下，货币供应量 M2 作为货币中介目标将逐渐成为历史，利率将取而代之。政策宽松必要性仍强，尤其是财政政策力度需加大，货币政策预计降准先行，降息仍有必要，但时间点延后概率偏大。"专家在研报中表示①。

谁能从以上密集的数据中提炼出与普罗大众生活相关的有益信息，M1、M2、社融……姑且不说这些概念民众是否理解，即便是能够准确把握，那么这些概念变化的背后又反映出什么问题呢？读者能够准确把握专家解读的意涵吗？在笔者看来，这里没有情节、没有地气，只剩下数字、概念和符号。

不可否认，数字和符号也是故事的构成元素。但是最终能在读者脑海中留下恒常记忆的一定是与人类生活紧密相关的事件或故事。辩证地看，数字与符号既是故事不可或缺的调味剂，也是造成金融叙事专业性与可读性冲突的导火索。金融故事如果要走向更广阔的社会，触动普罗大众的心弦，必须处理好数字、符号与故事情节之间的关系。

一名投资人员谈到期货交易的感受时这样写道：

对于一个从事期货交易的投机者来说，最铭心刻骨的事情无疑就是市场价格变化的反复无常、神秘莫测。市场的不确定性、随机性，时时刻刻困扰着所有的市场参与者，是挡在每一个投机者面前无法逃避的拦路虎。短期之内，偶然性可以让赌徒傻瓜成为智者而欢呼雀跃，让所谓的高手变成白痴而捶胸顿足，让大多数投机者被玩弄于股掌之间而茫然不知所措②。

① 刘佳.金融数据正在"挤水分"？禁止手工补息影响 M1 及 M2 增速［N］.华夏时报，2024-05-13.
② 青泽.澄明之境：青泽谈投资之道［M］.北京：北京联合出版公司，2017：13.

这段叙事没有数字与符号的掺杂，却深入挖掘了期货交易者对金融投资不可控性的感受。虽然市场的不可控性可以用数据涨跌的对比来证明，但是这种直抒胸臆、大吐块垒的感觉不是更直指人心吗？

"金融市场专家是毫无价值可言的，因为他们无法知道哪些是自己所不了解的，因此不能作出可靠的预测。"① 虽然"不可控"是金融行业的突出特征，但在不可控的背后，每个人从金融行业具体事务中体味到的真情挚意却是确定的。这是一种不可控范围内的"可控"惊喜，可以超越所有的变数，成为一种扎根在心灵深处的温暖慰藉。

这种感受是一种投掷黄金万两，结交一二挚友，创造万千就业，提振人类福祉的收获感。无数民众因为经济发展的跃迁而不用再为了生计而严重透支健康，也能与家人过上富庶而有尊严的生活，坐看天边的晚霞，沐浴温柔的晚风……最抚凡人心的金融叙事中藏着"有人与你立黄昏，有人问你粥可温"的人间烟火气。

实际上，早就有经济学家发现了金融叙事背后的巨大局限性。"做了 20 年的研究，我越来越感到经济形势不单是冷冰冰的枯燥数据，宏观经济也不简单是微观的抽象集合，它们的背后是一个个有温度的家庭，一个个活生生的人。"② 如果不能挖掘数据背后的青春奋斗、离合悲欢、甘苦得失，就无法真正

---

① 贝克. 金融的困境 [M]. 李凤，译. 北京：中信出版社，2011：16.
② 邵轩岚. 专访任泽平：经济形势不简单是一个冷冰冰的枯燥数据 [J]. 中国房地产金融，2022（12）：12.

讲好金融故事。

关于经济金融与文学文化之间的关系，也有学者从修辞角度做了探讨。"经济学可以被看作文学文化的一个实例，也可以被看作是科学文化的一个实例，且这两者并不矛盾。有关科学的官方修辞往往窄化了科学的领域，要求科学厚此薄彼。而非官方的、日常的修辞，则采取了更广泛的视角，也是更令人信服的视角。"① 然而，我们面对的是一个大量借用西方概念进行思考和言说的金融生态，可以说整个行业迄今为止，尚未找到能够讲述真实生存的语言……这是学界与业界沿袭已久的用语习惯造成的"灾难渊薮"。人们只是专精于在数字与符号间穿行，最大限度地逼近"挣得更多"，没有人真正思考枯燥的数据和符号如何变得有趣易懂，如何让金融故事"为民而兴，因利而存"。

## 画面的断裂

抽象金融这个概念实际上已经包含了画面感不强的"致命缺陷"。值得我们深思的是：金融业是否真的无缘于有分量的故事，而只能日复一日、年复一年地自缚于数字与符号堆砌的味同嚼蜡的世界中？

许多人在阅读经典文学作品时都有过这样的感受，当目光随着一行行文字律动，一幅幅生动的画面就像电影镜头一样在

---

① 麦克洛斯基. 经济学的修辞［M］. 马俊杰，译. 桂林：广西师范大学出版社，2023：58.

脑海中回荡。正是因为文字描写得惟妙惟肖，读者才能从有形有味的故事中找到身临其境、如历其事的感觉。

请看朱自清在《春》一文中对景物的描写。

桃树、杏树、梨树，你不让我，我不让你，都开满了花赶趟儿。红的像火，粉的像霞，白的像雪。花里带着甜味儿；闭了眼，树上仿佛已经满是桃儿、杏儿、梨儿。花下成千成百的蜜蜂嗡嗡地闹着，大小的蝴蝶飞来飞去。野花遍地是：杂样儿，有名字的，没名字的，散在花丛里，像眼睛，像星星，还眨呀眨的。

这是从大家耳熟能详的中学课文里摘取的两段话。大家之所以对这篇文章印象深刻，很大程度上源于该文丰富的画面感。在比喻、拟人等修辞的加持下，自然界的景观立刻鲜活起来，让人感受到一幅群芳斗艳、万物蒸腾的图景。

让我们再来看一看基金经理在早晨 6:30—8:30 的时间段处于怎样的状态。

6:30 他醒来打开手机，看看昨晚欧美市场的收盘情况。

7:00 他起床，洗漱整理，单色衬衫，配全套西装，拿好公文包准备出发。

7:10 他一边开车前往公司，一边收听 FM 财经频道的新闻，了解国外昨夜的市场动态和重要经济数据发布情况。

8:05 他在公司楼下买个早餐，到公司打开电脑，查看邮件。他继续了解昨夜至今晨发生的主要经济、金融事件，边吃边看，为每日晨会发言做准备。

8:30 他参加每日晨会，内容主要是近期市场动态及重点跟踪上市公司的情况更新，团队间不同的市场观点会在此激烈碰撞。

**晨会上的头脑风暴**

这段文字减少了数字与符号的堆砌，按照时间顺序，清晰而有条理地进行叙述，"烧脑"的感觉下去了。这算得上一则较好的金融故事吗？细细一咀嚼，总觉得缺了点什么，缺了一种能让人读了还想再读，读了就能记住的味道。如果一个故事有人物、有事件，但是画面感出不来，就不可能形成文章与读者之间的真正共情，充其量只能称其为"轮廓勾勒"而不是"故事讲述"。针对上述事件如果换一种写法呢？

末日一般的乌云笼罩在全球经济的上空。

无情的金融镰刀掠夺着无辜的投资者。短短 48 小时内，多家银行轰然倒塌，几万亿财富瞬间化为泡影。

　　夜不能寐的基金经理从床头一跃而起，赶忙打开手机，追踪欧美股市的收盘情况，又抓紧时间收听 FM 财经新闻，了解市场动态和重要经济数据发布情况。这是长期职业浸润养成的习惯，哪怕是出差调研企业，也要每天雷打不动地去搜寻信息，从不懈怠。

　　受金融风暴的影响，许多实体企业出现了订单减少、产量缩减的现象，生存压力巨大。基金经理正面临着来自资本市场的空前挑战。

　　财富的迅速缩水将会导致无数个家庭陷入支离破碎的境地，想想那些原本幸福的家庭，将要因为资产的流失而带来争执、压抑、悲楚和绝望……

　　艰难的抉择摆在面前。是继续持仓还是抓紧清仓，抑或调整投资组合比例，基金经理的工作总是处在一种焦虑又不能慌乱的状态下，需要从层层迷雾中抽丝剥茧。

　　在市场的关键时点，投资比拼的就是定力和心态。

　　如果继续高比例持仓，等待下一个翻盘机会呢？面对熊市并不是退避三舍就能解决问题，耐心真的很重要。曾经有一名基金经理跟踪一只重仓股，3 年都没涨，其间至少有过 3 次跌停，但他坚持自己对市场的研判，最后绝处逢生，收益颇丰。

　　然而，今天的形势不同了！是以往任何一次经济萎靡都无可相比的。

　　全球股市暴跌，多个国家国债抛售，金价大幅上涨……一只又一只"黑天鹅"出现了。这场席卷世界的金融风暴正在漫溢到每一寸空间。

　　每日晨会还在继续，有些同事在汲取各方才智方面有一种"天才"，他们总是"暗中挑动"头脑风暴，让大家在争论谈笑间，博取众家之长。

　　然而，今天的晨会有些肃然紧张，焦虑的情绪弥漫在会议室里，大家都知道惊雷过后的"地狱之门"已訇然重开。

　　同样是谈基金经理的文字，但是两种叙述方式高下立见。

　　第一篇文字原汁原味、原生态地对基金经理的日常工作进行了简单白描，虽然没有专业术语和繁杂数据，也没有使用云山雾罩的图表或指数曲线来一笔带过。但这种文字描写总让人觉得文辞干巴，没有可圈可点之处。场景、情节以及现场人物的心理活动都被忽视了。

　　第二篇文字以一种纪实性的语言将历史局势的风云变幻、基金经理的心理跌宕与职业担当等糅合在一起，把一个日常工作状态放置在大的时代背景与情感嬗变中进行审视，呈现给读者的不再是僵化的事实，而是饱含历史积淀、时代内涵与个体责任的"新篇章"，使得读者通过故事如同亲眼所见，同步体悟金融行业正在发生的一切。

　　由此我们可以得出两点结论：一是第一篇文字的叙述无法传递极富画面感的故事，更不用说仅仅使用数字与符号就能将资本运转的宏大场景和惊天动地的投资行动表现出来，最终难免落入专业术语的画地为牢中。二是第二篇文字的文情并茂充分说明了画面感的缺失并非金融业的先天宿命，而是金融业本身的抽象性以及认知的复杂性造成的，叙事过程中的思维定势与萧规曹随属于一种后天短板，完全可以通过叙事创新来扭转文风。

这种后天短板还体现为，许多金融产品概念并不能从日常生活中找到一个具象的实体来对应，往往只是一种书面定义。这些定义一旦出现在叙事中，就会增加理解难度。况且，金融业务的运行机制很大程度上是西方设计的一套体系，涉及律所、会计师事务所等服务机构，用到的知识也大多集中在法律、会计学等近代以来诞生于西方的学科，业务本身的流程化操作，就像生产流水线上千篇一律的产品，无法产生引人入胜的细节。

实际上，能打动人心的从来不是大而空的道理和林林总总的数字符号，而是细节，一个好的细节胜过千言万语，有细节才有故事，有故事才有可读性，才能令人信服。金融好故事往往就存在于这种细枝末节中，但可怕的是，金融运行过程中的大量翔实细节被遮蔽了，直接造成了金融业画面的断裂。

## 缺失的人物灵魂

如果说"见事不见人"是画面感断裂的外在表现，那么是不是说只要在金融叙事中增添人的活动就可以形成完好的画面呢？前文谈到基金经理工作状态的第一篇文字中也出现了人物和事件，但是并没有引起读者的强烈共情，从根本上来说，还是人物活动的情节与细节表现不够充分。换句话说，好故事的构成离不开人，更离不开有灵魂的人。

我们先来举个金融之外的例子吧。在人类的印象中，公园是一种物理形态的客观存在，更像是建筑学意义上的实体。但是从使用功能上来说，公园的草木葱茏、鸟语花香能够怡情悦性、旷达心宇，给人带来身心快乐。因此，公园应当被视作物理存在和精神存在的统一体。一定程度上，它给人类带来的精神价值超过了物理价值。

如果为人民公园写一首歌，该如何下笔呢？该如何将这种精神价值蕴含其中呢？或许我们可以这样写：

砖瓦连着心

铭刻记忆的小楼

亭台通梦想

屹立花香的渡口

梦里藏春光

缀满绿色的枝头

心底留故事

记录照片的乡愁

车马很慢的年代

守望多少韶华豆蔻

人民公园的桨声

亲吻过岁月的眼眸

每一座城有密码

孩子脸上荡漾丰收

精神世界的同游

树下青春慢慢溜走

我拥抱山水与你邂逅

听星月轮转往事悠悠

我穿越历史与你聚首

问时光大地知否知否

乍一看还不错，有人物，有细节，有历史，有情怀，但是反复咀嚼几遍后，总觉得少了点东西。人民公园是普通百姓能够享受美好自然环境的场所，也是孩子们漫寻童趣的乐园。在上述歌词中，虽然出现了人，但是，我们只能读出这个人对人民公园的简单追忆，至于人民公园曾经发生过什么事件感染了这个人，或者说给他留下了刻骨铭心的印象，并没有充分地展现出来。

写作是思想的产物，写人的灵魂就是要透过人物所做的事情，揭示他的性格特征和内心世界，特别是通过选取一些典型事件，折射人物的精神品质以及内心深处的冲突。我们或许可以换一种写法：

打开泛黄的相片我突然想起你

想起少年的歌唱和澎湃的春潮

许多年前的青春藏在树梢

暖暖的阳光在枝叶上跳跃

我们坐着跷跷板凝望彼此的笑

一起手拉手穿过亭阁越过小桥

走在冬夜的街头我突然想起你

想起青石的纹理和路边的奔跑

雪花纷纷像儿时的棉花糖

掌心流淌着最甜美的味道

　　我们乘着小船儿用力挥动长篙

　　岁月将老地方的那些故事相告

　　许多年后的我们各散天涯

　　还记得最初的花香和城堡

　　像一盏长明灯永远在心头缭绕

　　守望青春江河里的每一寸闪耀

　　那时的我很小，公园很大

　　现在的我很大，世界很小

　　我多想回到那个园子，向您轻轻问好

　　天蓝蓝水蓝蓝的回忆，伴我暮暮朝朝

　　跷跷板、划船儿、手拉手……生动的故事情节满溢而出，眼前浮现出总角之宴、言笑晏晏的旧时光，人民公园俨然成为回顾往昔岁月的引信，承载了丰厚的历史情怀与精神力量。

　　虽然上述例子并不是围绕金融实践展开，但内在的道理却是相通的。一方面，金融活动是人创造出来的，金融活动就是人的活动，金融的历史、大大小小的金融事件归根结底反映的是人性，所以落脚点要在人身上。另一方面，虚拟经济以行为金融学为基础，随着人类感受与情绪的变化而变化，它和实体经济的联系就是靠人来建立的，"人"成为金融叙事的重要主体当之无愧。

　　因此，对经济金融活动中"人"的关注就是要对人与人之间的经济关系也就是生产关系进行探寻。生产关系是最基本的社会关系，彰显出人在社会生活中的主体地位。人们对生产资料的占有、协作、交换、分配以及消费使用都离不开生产活动和社会生活。讲好金融故事实际上就是要以金融领域具体的人作为叙述的主体对象，讲述金融机构和金融人物如何参与激烈的市场竞争、面对问题如何决策，如何奋斗与成长……

叙事的核心就是要抓住"人的灵魂"。如果金融叙事以金融活动中的产品和收益为叙事核心主体，那么人的情感、思想、价值判断及道德诉求将会被数学模型掩盖。金融留给人类的印象就是"赚钱的工具"。金融叙事只有围绕人物展开叙事，关注人与人之间，财富积累与人类冷暖痛疾之间的关系，才能找到与"民心"沟通的路径，产品和收益也就如盐着水，蕴含其中了。

让我们一同体味下面这段叙事。

既要对原先老旧区域进行改造提升，又要实现改造后的有效运营和商业价值挖掘，项目类型过于多元分散，难道要分别设计几支债权计划来解决全部融资需求问题吗？

"企业等钱用，设立多支债权投资计划，会拉长融资周期的。"H公司财务部总经理非常着急。

"理论上可以将历史文化街区保护项目视为一个完整项目设立一支债权投资计划，能够满足整个片区多个项目、多个开发环节的多种资金用途，有利于历史文化街区的集中规划、升级与改造。"投资方项目团队的一名成员说。

经过商讨，项目团队成功设计了具有创新性和借鉴意义的融资方案。一个商业建设与文物保护联动的综合开发方案跃然纸上。

双方的精诚合作开启了一次针对具体项目的重新定义，在历史文化街区保护，城市传统风貌、文化传承和融资主体实际融资需求之间找到了完美平衡。

H公司的一名员工在项目日记里这样写道："这些金融工作者似乎对这里的一山一水，一砖一瓦都很在意，他们说喜欢这里的空气、街面和建筑的古典美。收益与委托、责任与担当、历史与文明，是他们经常脱口而出的词汇，我觉得他们的境界超越了投资本身，有一种使命感与担当精神。"

上述故事讲述了金融工作者在洽谈项目过程中的体验，虽然没太多惊心动魄的故事情节与吊人胃口的悬念，但将投资过程中涉及的工作方法与人的情感水乳交融，通过最真实和最原始的情节，展现了项目推进过程。

这种由"事"引发的"情"正是塑造人物灵魂的关键，表现出一个人最真实的本质。当前，有些产生轰动的人物特稿看似风头正劲，但是作者在写作前甚至没有弄明白选题的意义和价值，既没有盯住一个主题的深挖，也没有对事实背后原因的叩问，只是停留在一种表象的叙述。有一些关注小人物生存故事的特稿，往往陷入一种"记流水账"的窠臼，太过零散的叙事无法整合为群像力量，不能揭示与反映人类深沉的精神活动，在此就不举例了。

我在阅读这类人物特稿的过程中，不断地出现"视觉中断"，发现一个又一个奇怪的人物出现，而且晃一下又消失了，不知道为什么要出现这些人，不知道人物的描述是为了"彰显个性"还是挖掘其"共同特征"。这些特稿虽然写人物故事，却没有一种贯通历史的悲悯情怀和大爱精神，有的仅仅是一种"为赋新词强说愁"的矫揉。浮现在眼前的仅仅是一些晃动的身影以及他们各自可能有些特点的生活行为与生活场景，读不出别的更能触动心弦的东西，归根结底还是人物灵魂的缺失。

## 保密与公开的拉锯

保密与公开是一对相互对立又彼此统一的概念。保密强调的是不让所涉之密泄露，公开追求的是将事情对外公布。毋庸置疑，保密的对象是那些应当被保守的内容，公开的对象是那些可以让外界知晓的内容。问题是二者的边界在哪里？

这是一个看似无足轻重却能直接影响金融叙事深度与广度的话题。当过多的信息被纳入保密范畴时，故事叙述空间会被压缩，当过多的信息被公之于众时，又会在金融叙事的推波助澜下导致市场失序、恶性竞争。基于此，我们有必要从金融叙事角度对保密与公开的"拉锯关系"进行探析，以期为二者的边界划定提供一种认知视角。

毫无疑问，绝大多数故事的撰写都不能脱离对基础事实的采撷。深嵌在金融机构经营发展中的忙碌瞬间，资本流转中的人生百态，鞍马劳顿后的夙夜在公，投资过程中的专业精湛……"故事大仓库"的容量受限于保密与公开的拉锯。有哪个行业对保密的重视能像金融行业这样？契约合同、客户信息与资金流转中的条款细节一旦泄露，就会晃动整个金融大厦的信任基石。因此，保密是金融行业守护客户财富与机构声誉的盾牌，其重要性远非其他行业可比。

对于金融机构来说，商业秘密应当是具有商业价值并由机构采取特殊保护措施的技术信息和经营信息，这些商业信息不宜为公众知悉，因而被纳入保密范畴。能够公开的信息主要涉及金融机构的财务状况、风险状况、公司治理及其他重大事项等，通过信息共享有助于增进对金融机构的多维理解。

之于金融叙事而言，在保密与公开对峙的张力中破局，无异于一场从理论到实践的突围。当金融机构以保密为名，最大限度地将信息与社会隔绝时，金融叙事往往因为无法获得现场的一手素材而错过一些感人至深的故事；当金融机构盲目地公开客户信息、项目数据、核心技术和资金使用情况等来充实金融故事时，又会损害客户隐私与社会福利。

反观现实，一边是金融泄密事件时有发生，系统性区域性风险不断滋生，保守商业秘密时不我待；一边是要求金融机构信息公开的呼声不绝如缕，保护公众知情权刻不容缓。防范泄密就必须限制信息传播，保障知情权又需要扩大信息公开，难道实践中的保密和公开一定会呈现这种不可调和的矛盾吗？

德国图宾根大学教授菲利普·黑克创造性地将社会科学的利益冲突概念融入法学方法论之中，通过创建"利益法学"为填补"制定法的漏洞"发展出一套法律解释理论和技术，为我们理解金融机构保密与公开的力量博弈提供了丰富的理论源泉。

每一个法律命令都决定着一种利益冲突，都建立在各种对立利益之间的相互作用之上，仿佛是这些对立力量的结果。制定法对利益的保护从来不会在真空中，而总是在一个充满着利益的世界进行。这个世界中的所有利益都有人主张，因此一种利益的实现总以牺牲其他的利益为代价①。法律的诞生正是为了维护社会秩序与公共利益。对于金融机构来说，商业秘密是具有竞争价值的宝藏，保护商业秘密就是保证机构对信息的垄断地位，并实现具有竞争价值的利益。

但是，任何机构的商业秘密都不能对抗包含有公共利益的知情权，商业秘密原则上需要向消费者知情权让位。但是当这些商业秘密确确实实体现为一种带有高知识产权的信息时，出于保护的需要不能对外公开时，或者这些商业秘密虽然包含了公共利益信息，但攸关机构市场竞争的存亡绝续时，两权相衡，何取其轻呢？比如某个投资项目的相关信息按照监管机构的指导意见或行为准则，应当归类为保密内容，但是这个项目关联到周边万千居民的烟火清欢与身心安康，那么相关信息到底要不要全面公开还是有限度地公开？

或许下面一段叙事能让我们产生进一步追问。

宋潮想象着自己或许在不久的将来会成为中国期货知名大炒家，心中就常常按捺不住那一阵阵涌动的狂妄。进入吴波的证券公司后，经过他理论实践的一番操作下来，其眼光的敏锐连吴波都因此刮目相看。他特别钟情于玩期货魔方，以小博大，大输大赢的亢奋让他欲罢不能。经过两人反复的策划分析，于是他们便分别栖于股票与期货市场，相互合作，又各自

① 黑克. 利益法学 [M]. 傅广宇，译. 北京：商务印书馆，2016：17-18.

为政，在有着稳定的银行资金的输入下，盘子越做越大。

这一段时间以来，他们联手其他的证券公司和期货炒家，在股票市场上轮番坐庄，在期货市场上担当多、空主力，翻云覆雨。他看着眼前拿到 30% 回扣的贾仁那乐颠颠的模样，想着在他的操盘手的指尖敲击的瞬间，那百分之几百的利润像海潮般涌进自己账户的情景，不由得非常自负起来①。

这是一部小说中的故事，属于文学叙事范畴。不妨做一个假设，倘若这是真真实实存在的事情，记者又发现了这样的事实，是否可以进行报道呢？笔者以为，故事中描述的联合坐庄行为本身是违背公共利益的，如果任由这样的事件发展下去，势必倾轧每一位股民的利益。虽然对于庄家或机构来说，这种情况属于内部事务，甚至可以打着商业秘密的幌子拒绝信息公开，但潜藏在保密之下的狼子野心却昭然若揭。

"若记者采访各种人民群众欲知须知的各种信息，遭到较多的以保密为理由的拒绝，除了当事人可能的推诿外，《中华人民共和国保守国家秘密法》本身是否与时俱进、是否建立在尊重人民知情权的基础上，就会遭到质疑。"② 人们对金融机构业务情况的知晓，很大程度上依赖于机构的叙事文本，不论出自机构从业人员之手还是记者之手，人民都享有这项基本权利，特别是一些上市金融机构的大量散户股东理所当然享有了解机构财务会计报告、风险管理状况、公司治理、年度重大

---

① 宫平. 金融圈 [M]. 武汉：长江文艺出版社，2016：40.
② 陈力丹，王权. 保密法二审草案与人民的知情权 [J]. 新闻爱好者，2010（5）：12.

事项等重要信息的权利。

即便是纳入商业秘密范畴的信息也应当体现商业秘密权利人的专有垄断权与社会公共利益的平衡，特别是在立法中必须对商业秘密的构成要件，获取商业秘密的手段等进行清晰确定。"经济利益尽管力量强大但也只是众多利益之一，还有其他一些重大的利益，如情感、社会地位、权力、社会关系、成见、个人福利、他人福利和社会认同。"① 没有商业信息的合理公开，就不可能有真正意义上有血有肉的好故事。既要确保信息的正当共享，又要让金融机构避免信息流通造成的"公地悲剧"，这是一种两难的协调，权力边界的明确关联着金融叙事的两极走向。

在本节内容中，笔者并没有从法理层面对保密与公开的边界进行精准界定，因为在全球化的经贸往来中，习惯法、判例法、成文法在相关法律制定中各有不同，保密与公开的拉锯关系也如天平的两端此消彼长、互相牵制，需要放置在具体的情境下进行综合判断。

之所以将这个话题单拎出来论述，主要是为金融故事生产者争取更多的信息资源，特别是在保密管理对象、领域、内容、手段和环境都发生极大变化的信息科技语境之下，如何从金融机构的"铜墙铁壁"内合理、合法、合德地挖掘出活色生香的细枝末节，让故事的"灯塔"之光引领金融叙事突破边界、塑造标准、开拓创新。

---

① 库珀. 行政伦理学：实现行政责任的途径 [M]. 张秀琴，译. 北京：中国人民大学出版社，2001：120.

# 第四章

# 影像叙事：视觉语言的金融表达

美其实不仅仅在于艺术家的创造之中，也同样存在于观者的欣赏之中。美是通感，它一半在物，一半在你。

——中国当代美学家朱光潜

文字诞生以前，人类将生产生活中的时光履迹和世情百态融进歌谣或民谚中，通过口口相传的方式传播，听觉系统成为获取故事的主要媒介。文字出现以后，人类先将故事刻载在湿软的泥板上，后来又书写于竹帛之上，及至进入印刷媒介阶段，具备一定理解能力的读者开始主要依靠视觉系统阅读故事，并在思维系统中进行消化吸收，进而沉淀为心灵深处的千山万壑。

如果说本书前面章节主要聚焦印刷媒介阶段"讲好金融故事"的理论与实践，那么本章则是将这一主题搁置在互联网语境下进行审视，通过对人类视觉感知的深度开掘叩启金融影像世界的大门，让金融叙事观念从"读图观影"的美学实践中孵化而出。"电影赋予叙事以有趣的、新的视点操作之可能性，因为它们不是仅仅拥有一条而是同时拥有两条信息通道——视觉的与听觉的（而且在听觉方面，不仅有人声，还有音乐和噪声）。它们可以单独出现（在黑幕的同时出现声音，或者完全的画面伴以彻底的静音），也可以用各种方式结合出现。"[1] 因为影像内容总是通过视知觉系统影响人类心理，并在经验、情感等因素的参与下，形成一种新的"知觉结构"，也就是人们对事物的审美衡量标准。

当前，以短视频、微电影为代表的影像叙事构筑起一个依托文字却又超越文字的时代景观。这为我们将故事的生产传播纳入影像美学框架进行考量提供了依凭，不仅要关注景别、构

---

① 查特曼. 故事与话语：小说和电影的叙事结构［M］. 徐强，译. 北京：中国人民大学出版社，2013：143.

图、机位，还要聚焦影像拍摄的镜头、节奏和风格的现场把控，同时也要善于捕捉不同观众对声画基质从感官到心灵的综合体验，搭建一个从文字脚本到视听形象的多维立体的影像叙事体系。

## 非线性结构

奔腾不息的江河、熙熙攘攘的街市、风云突变的时局、跌宕起伏的市场……我们生活的这片时光大地充斥着无穷无尽的变量，时时刻刻都在影响着人类的工作生活。各式各样的变量之间并不存在一个恒定的线性数学关系，因为每个变量每单位的变化往往都对应着其他变量不同单位的变化，换而言之，人类赖以生存的这个世界和宇宙并不是一个匀速运动的系统，它的常态就是非线性。

影像就是一种具有高度非线性特征的直观、形象的内容输出。它既依赖于文字和语言的传播，又诉诸生动的视觉。虽然关于金融故事的影像呈现完全可以遵循时间顺序按部就班地进行线性叙事，但是很多时候一个故事会充斥着多条线索，线索之间又是相互并重的。沿着不同的线索按图索骥，就会引发不同的故事情节，以及相应的历史环境。因而一个大故事中会包含着许多个小故事，每个小故事中又包含着许多个细节，每一个细节都可能出现与之相匹配的时代背景、空间位移和场景转换，最终呈现为碎片化的非线性状态。

如果说在纯粹的非线性文本阅读中，读者必须心无旁骛、全神贯注地投入故事情节的比对与思考中，那么在影像叙事中，读者相对可以更加轻松自如、从容不迫地感受综合立体的时空轮换效果。因此，影像在展示一切正在发生和已经发生的事件时采纳非线性叙事结构具有得天独厚的优势。

由美国导演奥逊·威尔斯执导的纪传体电影《公民凯恩》将非线性结构发挥得淋漓尽致。影片采用倒叙、闪回和不同视角的交叉剪辑，通过一位记者采访报业巨头凯恩的亲友、合作者和敌人，将不同场景的故事融为一体，揭示了凯恩的人物性格和报业对社会的影响。

曾获奥斯卡7项提名的剧情片《通天塔》用一条枪串联起美国、摩洛哥、日本和墨西哥四个国家的故事，影片独特的拼贴效果以及时空交错带给观众缓慢而逐渐紧张的气氛，在传达亲情、爱情与国情的过程中，展现对人类生存、自由等权利的思考。

由此可见，影像的非线性结构离不开对素材的排列组合，特别是选取若干个空间截面来展现故事的场景。这种结构在商战电视剧《繁花》中以"多重嵌套回忆"的方式书写了浓墨重彩的一笔，让整个故事在过去、现在、未来之间穿梭跳跃。虽然故事时间线看起来有些倒错，大量的过去情境和少量的未来情境都被折叠进现在时，但是从全剧整体看，却又是严丝合缝、浑然一体。

在《繁花》第1集中，故事是从这样的剧情展开：

1992年的大上海霓虹养眼，万花如海，街上车水马龙，人们行色匆匆。阿宝拎着礼品来看望退休在家的老作家，老作家笔耕不辍，最近在写一部小说。阿宝好奇地打听小说的内容，老作家还没有想好，只开了一个头，故事就从这里开始了。

中国改革开放，加快了中国股份制改革的步伐，举世瞩目。股票是最新的热点，同样是以100点为起点，美国道琼斯指数到今天才不过3 300点，刚满一岁的上证指数已经接近1 000点，机会面前人人平等，抓住了机会就有可能改变人生，有人乘风而起，有人半日归零。

阿宝正值青春，他像每个上海人一样每天在这滚滚红尘里钻门路、撑市面，阿宝雄心万丈，却不知道这不是梦，而是醒不过来的现实。今天是12月31日，和平饭店里人声鼎沸，上海滩的各界名流齐聚于此迎接新年，时钟马上就到12点，人们开始倒计时，阿宝拎着30万元现金从饭店出来，他刚想上车离开，就被一辆疾驰而来的出租车撞飞，箱子里的钱散落一地，肇事车辆掉头逃走。

阿宝被送到医院，股票大户蔡司令、邮票李和他干妈胖阿姨、金宝等人闻讯赶来，大家七嘴八舌，楼道里乱作一团，经过医护人员全力抢救，阿宝终于转危为安，他因为流血过多还在昏迷，爷叔及时赶来①……

为了表现出时空错乱的感觉，导演打破流畅、透明、直白的叙事风格，通过场景切换控制着影片叙事节奏，增加观众"感受的难度和时延"。剪辑师通过一系列镜头组合将多个事

---

① 影乐酷. 繁花第1集剧情介绍［EB/OL］.（2023-12-28）. https://www. yingleku.com/tvs/3034011tv/dive1.html#performer-list.

件并置在同一时间点，对人物、动作和情节线索进行全面安排，场景的共时呈现替代了时间的自然流转，营造出时空轮换的意境。

在场景和时空的切换中，多条叙事线索齐头并进，明线是阿宝的事业回忆录，暗线是阿宝和汪小姐的感情回忆录，就像多声部音乐，将相互独立的旋律有机结合在一起。这种非线性结构通过跳跃的时间片段、交错的故事线索和叙事的留白让观众沉浸在充满悬念与惊喜的观影体验中。

非线性叙事给予金融叙事丰富的启示。"金融服务的是人类的欲望和潜能，它为构成我们一生中日复一日的各种活动提供资助。这些目标明确的活动本身都具有美感。"① 那么，我们如何使用一种更为灵动、富有创意的结构编织行业故事？如何让影像不仅能够表现金融活动对经济生活的影响，以及金融参与者的喜怒悲欢，还要让观众不由自主地沉浸在金融故事中，形成多维立体看待金融事件的观念？

比如在影像的开始，可以呈现某一独特的人物或场景，从小处切入，再向大处开拓，引导观众从个别到一般，从感性到理性地了解金融事件。比如在叙述某一事件的过程中可以穿插场景、情节、矛盾，出现性格各异的经营管理人物，让观众看到有血有肉的人物的金融活动。

当然，财富增长与民本追求是金融业的终极目标。在这一

---

① 希勒. 金融与好的社会 [M]. 束宇，译. 北京：中信出版社，2012：194-195.

目标下还存在着各式各样的小目标。一方面，我们必须根据这些子目标来编撰剧本，另一方面，我们必须在具体拍摄中充分执行导演的意图和风格。比如导演的设想是提振人类对市场的信心，那么整个电影的镜头创作和气氛营造都应该本着积极、昂扬的基调来进行构思。在这个大的框架形成之后，镜头节奏、视觉组合、音乐声音等也就渐次展开了。

## 视角和视距

横看成岭侧成峰，远近高低各不同。视角与视距是人类认识事物、表达事物的重要工具。如果说视角是观察者看待事物的角度，那么视距就是观察者与事物之间的距离。人类在讲故事时，只有选择合适的视角与视距，才能丰富叙述内容的深度与广度。

从摄影、摄像技术实践来看，摄影是用照相机拍摄静态图片，而摄像是用摄像机拍摄动态视频。如果说照相机更侧重照片的细腻和色彩的清晰，在成像上倚重细节和构图，那么摄像机则更关注连续拍摄和声音收录，重视故事的动态表现和情节叙述。

无论摄影还是摄像，都属于影像的有机组成部分，所要表达的内容与镜头的视角及视距密切相关。"它总是借助于一个受到操控的视角，即摄影机镜头。通过这一技术手段，它可以使焦点变得锐化或是模糊，既可近摄亦可远拉；它可以给予影像以色彩和明暗，而且可利用与之同步的音频——一方面提供片中人物的声音，另一方面又提供持续的言语评述、音乐、噪声或无声。"① 一般来说，通过广角镜头拍摄的全景照片往往反映的是比较宏大的场面，中景照片表现的是具有典型意义的主体形象，近景照片主要聚焦局部场景，呈现人物的面部表情和细微动作。

在影像叙事中，如果叙述者是影像作品之外的人物，他会理所当然地站在第三方视角审时度势，那么这个视角可能是宏观的，关涉全局的；如果叙述者就是影像作品中的人物本身，那么他的叙述往往会受到自身角色的限制。因此影像叙事要区分叙述者自身的立足点，以此来确定他从哪个角度看问题，从哪个角度讲故事。

无论你是要写博格诺某个就要破产的个人小生意的内容，还是要写一个跨国公司赚取数百万利润的内容。要寻找由头，要找到一个好视角，要获得准确的事实和数据，并讲出故事②。虽然这主要是从写作角度来谈视角选择，但是影像拍摄与文字写作也有相通之处，不同的拍摄视角能够把故事分切为若干镜头画面，依托不同景别的画面与画面连接来刻画人物，

① 斯科尔斯，费伦，凯洛格. 叙事的本质 [M]. 于雷，译. 南京：南京大学出版社，2015：280.
② 佩普，费瑟斯通. 特稿写作：从入门到精通 [M]. 周黎明，译. 北京：中国人民大学出版社，2011：153.

改变观众的视听角度，化零为整地传达影像作品的叙事情感。因此，一个好的叙述视角能够作用于观众的"认知聚焦"，提升故事的感染力。

在影像拍摄中，视距代表着摄影机与被摄对象之间的距离。千万不要小觑视距的作用，正是它与镜头的焦距共同左右着景别大小。拍摄究竟采用近景、中景、全景还是远景？景深是大还是小？画面透视是强还是弱？这些视角方面的问题都由焦距长短和视距远近决定。因此，通过改变镜头的焦距和视距能够呈现不同的视角。

原来视角与视距的关系如此奇妙。只要借助镜头的推拉摇移与场面调度就能实现视角和视距的变化，形成各种不同的景别和构图，带给观者迥异多样的视觉冲击力。比如在影像摄制中，利用镜头跟摇可以扩大演员横向运动的范围，再比如视距越远，画面包容的景物范围越大，越有助于展现人物角色的整体活动环境。

由视角视距变化构筑的影像，不仅能提供由远及近，又由近到远的画面切换过程，而且观众可以很明显地感受到由视角视距变化带来的视觉冲击。当一帧帧影视镜头密集地从观众眼前掠过时，虽然画面的尺寸大小没有发生变化，但在形式上出现了不同视距的画面交替。观者会情不自禁地沉浸在纯粹的视觉美感中。

**换个角度看问题，生命会展现出另一种美**

在金融题材的影像叙事中，应当选择怎样的视角和视距来摄取动人心弦的故事呢？这不仅要拥有熟稔金融业务的洞察力，还要具备敏锐的眼光和理性的思考，方能从金融这个独特的行业中选择别出心裁的视角和视距，对时间、空间、画面和声音进行组合拼装，展现出大量偶然事件交汇而成的故事。

视觉语言是抽象概念的克星，有助于将深奥的金融术语、原理以及枯燥的数字、图表用形象化、通俗化的语言表现出来。在影像作品中，我们可以通过视角与视距的切换，用远景、中景、近景、特写、色调等把金融概念、经济现象或者发展趋势说清楚、讲明白。

让我们从下面的叙事中体味视角和视距的运用。

马主任眼露异彩、面露异色："光照市有几家水泥厂？"

"两家。"吴侬回答。

"你们从国商银行贷过款吗？"马主任追问。

"没有。"吴侬答。

库辛勤急忙补充："水泥股份公司是光照市最好的企业，准备上市呢。"

马主任似有所悟，连连点头。库辛勤和吴侬恐怕这辈子都不会想到，20 世纪 90 年代初马主任在国商银行总行的时候，曾做过水泥厂的信贷员，水泥集团准备核销的那 5 000 万元贷款中的一笔 2 000 万元贷款就是经过他的手再报信贷管理部主任签批出去的。当时，中国的银行正是大搞账外经营的时候，资金双轨制，银行一个价，市场一个价，利差竟有 10%。因此，贷款放出去后，马耀飞硬是要求薛美把这 2 000 万元贷款在海南省的某个信用社存了三个月，自己则按照 2% 的比例从信用社获得中间费 40 万元①。

这段对话场景如果拍摄成影像，可以使用中景、近景或特写镜头，不必拍摄人物全身，但必须让观众既能听清对话内容，又能看到生动真实的对话场面和人物的表情动作，便于更好地理解故事情节。

视角与视距的切换不仅体现为构图层面表现力的增强，同时也为挖掘故事细节提供了必要支撑。细节就像是山水画中的点苔，援笔在纸上蜻蜓点水，迅速提起，让全幅画神采倍增。"点苔之法，未易讲也……有可点不可点之妙，正在意会。点

---

① 陈一夫. 做赔 [M]. 沈阳：春风文艺出版社，2008：88.

之恰当，如美女簪花；不当，东施效颦。盖点苔一法，为助山之苍茫，为显墨之精彩，非无意加赠也。"[1] 点苔上墨与画师看待整幅画的视角和视距深度关联，不同的视角视距决定了不同的细节描摹，也决定了画作展现出的情节多少和情感厚薄。

用影像展现金融故事的细节具有与绘画点苔同样的道理。什么时候呈现翔实的细节，什么时候一带而过，虽然需要根据主题来定，但是拍摄的视角和视距也尤为关键，一定程度上关乎故事细节中的金融味道和审美意蕴。当按下快门的瞬间，事件定格、物象凝聚，万千精神和韵味深藏在这宛如点苔般的细枝末节中，成为窥探金融市场的一面镜子，影像叙事的功夫也高下立见。

从根本上讲，金融类影像作品并不能仅仅反映单一的金融现象，而是要深深根植于政治、历史、文化语境中，对金融事件的发生场所、运转流程乃至物理设备进行通俗描述，触发观者的认知理解与情感共鸣。因此，采访、动画、配乐、同期声等各种手段都可以用来赋予作品深邃的历史内涵和叙事情境，反映特定时代背景下经济社会的真实全貌。

基于以上论述，我们或许可以得出这样的结论：镜头的视角能够引导观众的视角，在光影交织的世界里，领略时空运动展现的完整事件流程。视距的延伸与缩短，既可以捕捉那些肉眼所不能及的遥远景象，也可以呈现宏观、中观、微观的体验。

---

① 唐岱. 绘事发微［M］. 周远斌，注释. 济南：山东画报出版社，2012：68.

　　镜头运动的伏、平、仰、斜中蕴藏着不同的视角和视距，也包含着许许多多的动态画面。当影像叙述者将独到的眼光和见解附着在视角与视距上，将这些画面按照一定的形象思维和逻辑思维组接起来时，就能形成关于一件事或一个主题的故事情节，就能多层次、多侧面地揭示金融人物角色之间的关系，创作出能与观众产生情绪共鸣的经典故事。

## "悬念场" 构建

　　恰当的视角和视距可以为影像故事的多样化表达提供坚实支撑。灯光、布景、特效也可以增强故事情节的流动性和感染力。除此之外，悬念设计也是重中之重，是一种能够贯通作品始末，并让观众表现出"把心悬到嗓子眼"或是"漫卷诗书喜欲狂"的情感状态。

　　所谓悬念，就是兴趣不断向前延伸和欲知后事如何的迫切要求。无论观众是对下文毫无所知，但急于探其究竟，还是对下文作了一些揣测，但渴望使其明确，甚至是已经感到咄咄逼人，对即将出现的紧张场面怀着恐惧，在这些不同情况下，观众都可谓是处在悬念之中，因为，不管他愿不愿意，他的兴趣都非向前直冲不可①。兴趣是人对事物的一种特殊认知倾向，当某人对某事某物产生了浓厚兴趣，便会自觉形成对该事物长期而持续的关注。

---

① 贝克. 戏剧技巧 [M]. 余上沅, 译. 北京：中国戏剧出版社, 2004: 189.

人们观影时，总是渴望了解那些与人物命运相关的故事情节以及故事的后续情况，这种刨根究底的紧迫心情为悬念的诞生提供了土壤，当快节奏的镜头闪现和多维度的生活场景在某个时间点上相遇并形成强烈冲突时，悬念产生了。

故事的悬念总是或隐或现地出现在人物命运转折的重要关头。这是编剧或导演按照观众的理解逻辑和收视心理进行的编排，只有将生死攸关的元素建立在观众关切、焦虑并急于了解水落石出的心情之上，悬念才显得富有价值。当悬念有了答案，观众对剧中人物处境的怜悯和恐惧情绪会得到宣泄，心理上也就能复归平衡。

如果说悬念是艺术处理的积极手段，那么当多个悬念元素交织在一起，使人始终保持紧张或期待的状态时，一种特殊的场域氛围就产生了。这就是电影导演阿尔弗雷德·希区柯克提出的"悬念场"概念，意指通过搭建电影场景来营造一种张力，激发观众的好奇心。

只有将悬念融入故事内容，故事的叙述者才会时刻想到收视者应当居于至关重要的主体地位，才会设身处地探析收视者本身的心理感受，找寻故事情节流动的内在本质，也就是人类预期与实际感受之间的心理势差，并在影像拍摄中不断地调整方向，推动情节的集聚、创新与扩散。

观影中的心理势差导源于物理学中势差的概念。由于物体的相对位置决定其所具有的势能，不同位置之间势能的差值即为势差。物质或者非物质传导总是由势差引起，并从高位势向低位势扩散。借用到影像叙事中，如果把故事情节抽象地看成质点，其受需求力作用而造成的观众心理落差同电荷在电场中受到电场力作用及物体在重力场中受到重力作用而发生位移非常类似。

故事情节发展中经常出现违背常规常理的部分，并形成情节"势差"。这种势差表现为在特定的时间段提出特定的问题，并在解决问题的同时再抛出新的问题，并反复交替，不断铺垫，通过连续不断的危机或者突然的转折形成悬念场，对将要发生的故事作出暗示，使得观众注意力在极短时间内高度集中。

正是缘于情节在不同位置的价值差，一种能够调动并维持观影兴趣的气氛在故事中弥漫。当某个情节处于一种能级状态时，叙述者通过隐藏或强调某些危在旦夕的风险和令人期待的憧憬，使得情节突然跃迁到另外一种能级状态，引发观者的正向期待或负向恐惧，延展着影像作品的情节线，让势差能量从影像语言向观众心灵进行扩散与转移。

只有具备悬念的作品才充满美学价值。当一部作品中设置了很多悬念，不断出现又不断被解开，悬念场就自然形成了。作品的总悬念必须从开场一直悬置到最后，在此期间，不断有新事件或新力量产生。"危机是叙事弧线波浪的尖峰。波浪虽然瓦解了，但是它的力量会带来深刻的变化。"[1] 当每一次悬念抵达观众心灵并产生跌宕起伏的无序湍流时，总是能推动观众进行解读与创造，并进行元素重组、共享与发酵，最终完成

---

① 哈特. 故事技巧：叙事性非虚构文学写作指南 [M]. 叶青，曾轶峰，译. 北京：中国人民大学出版社，2012：33.

审美。

当然，构建悬念场不应当是影像叙事刻意追求的目标，而是服务于故事情节需要的一种水到渠成的手段，或者说悬念是从剧情中自然衍生而出的情节冲突，因为平淡的叙说总是难以持续吸引受众的注意力，丰富的悬念就如同强有力的"黏合剂"，能够通过中断或延宕情节，巧妙吊起观众胃口，促使其对人物命运的遭遇和情节变化怀有急切期待的心情，并随着剧情发展对带有疑问性的谜底进行揭示。

因此，当悬念场产生后，故事叙述者必须能够有效控制叙述的时间、叙述程度及前进方向。一方面，我们可以为摄像机选择合适角度和稳定机位，追求合适的镜头运动轨迹、时间点和渲染程度；另一方面，我们也可以为摄像机专门留下叙事的弹性空间。因为大量不可预知的视觉元素经常会在不经意间闯入镜头，在这种充满随机性和偶然性的细微场景中往往隐藏着最精彩的片段。比如金融危机来临时，投资人沮丧焦躁、不知所措的情绪，往往与摄影机运动的匆忙无序如出一辙，不仅能够反映现场的环境和事件，还能折射人物的思想情绪。

## 竖屏美学

除了一些热门电影的首映，时下很少有人愿意风尘仆仆地跑去电影院或者打开电视机在寥寥数个频道中来回遥控。当今的时代，我们凭借一部手机就能观摩数不清的影视资源，而且通过手机可以随时随地提供想搜索的一切。

与此相伴而行的是观摩者的要求越来越高，他们越来越注重体验性、沟通性、差异性、创造性和关联性，越来越倚重按照自己的创意和需求去搜索视频。这是全球化文明进程中人类不得不面对的现实图景，日益加速流变的媒介形态为电影、纪录片、电视剧等影视作品的空间转移提供了平台。由此，手机竖屏播放也成了一道独特的风景线。

实际上，电影院线和电视机的屏幕基本是横屏，天然吻合人眼横向生长的生理特征，也能够容纳更多信息，但是手机竖屏带来的是高度大于宽度的视觉呈现，表达的是一种上下视野更广，左右视野更窄的空间视觉，这就导致全景画面在手机播放时，必须裁切掉许多有价值的环境信息。

这种"宽小于高"的屏幕比例设计是当前手机媒体屏幕的主流样态。虽然在画幅空间上存在劣势，但在中近景画面的表达上却具有先天优势，因为竖向特写画面的内容都集中在屏幕的中间区域，可以让观众视线更加聚焦画面中心，高效直观地提取画面信息，产生更强的体验感、节奏感和情绪共鸣，因而手机竖屏更适合展现短内容、快节奏的作品。

竖屏视频在影像画幅上的变化直接关联到叙事话语、传播路径和美学理念等一系列影像生态的变革，决定着观看者的视觉体验和审美选择，特别是在刻画人物细微动作和表情时，竖屏的窄化横幅更容易将观众注意力吸引到有限画面中的主体内容。

关于竖屏的认识理解应当如何与金融叙事进行结合呢？作为新媒体语境中的一道标新立异的行业大餐，围绕金融故事开展叙述的短视频俨然成为影像美学不得不关注的话题。总体上看，当下流传甚广的金融短视频将金融内容与短视频结合，使用网络新词和时尚潮图解读金融市场变化，通俗易懂的语言能够帮助社会公众理解金融市场，增强投资决策的准确性和风险意识。

然而，一些金融短视频生产者并不具备现代传播理念，只是简单地将纸媒上的文字与图片挪移到视频上，导致短视频内容不仅缺少动态画面，在打造具有独特精神内涵的金融故事方面更是黔驴技穷，以至于观摩者无法从短视频中获得思想共振与情感交融。

严肃艰深的财经知识与偏好直观形象的人类天性之间始终存在着一道"铜墙铁壁"，这是自现代金融学诞生之日起就未曾弥合的鸿沟。前面相关章节尝试提出从文本写作层面进行突围，实际上如何让财经知识在视频化方式下走进普罗大众也是互联网语境下讲好金融故事的关键一环。

"看电影时最有意思的部分之一，就是观察主角惯常的生活环境。他的厨房、卧室、办公室均能让人窥见他的性情。电影在视觉上的传播方式让它得以涵盖许多细节，有些微不足道和精巧到甚至不为大多数观众所注意。"[①] 愉悦轻松的体验离不开视频内容带给观众的审美风格。比如视频生产者将观众可能产生的疑问以情景剧方式或"脱口秀"方式予以呈现，穿插一些可视化图表和对话讨论，能够将专业的财经知识转译成

--------

① 维兰德. 故事的节奏［M］. 陆晓月，译. 北京：北京时代华文书局，2024：71.

诙谐灵动的语言，帮助观众理解金融行业。

当然，追求金融知识的科普化与趣味化并不意味着金融短视频在讲述故事过程中停留于对零碎知识点的分散介绍，而是要聚焦中心人物的活动，通过蕴含在生活、工作、交易等不同场景的经济金融行为将热门金融议题串接起来，用活色生香的事例展现金融与生活的紧密联系，在独特的视觉布局和叙事方式中营造强烈的视觉包围感。观众通过手机观看短视频时，能够被其视觉冲击力和传播感染力吸引，为个体的金融决策提供参考。

实际上，手机竖屏特别适合用来讲述某一特定主体或者是一个人的金融历程，拍摄中只需要摒弃横向视域左右空间的干扰，紧紧框住最重要的主体人物即可。当主体人物用直白简练的方式进行个性化讲述时，"小而美"的个体故事就源源不绝了。

需要指出的是，许多竖屏短视频都是通过声画语言来讲述金融故事，呈现出"话多于画"的特征，或许可以视作电视剧的另一种缩微版本。实际上，竖屏短剧还需要借助镜头运动特别是长镜头来增强画面的表现力，学会利用画外音或者背景音乐来渲染气氛，比如在牛市或熊市时表现股民的喜悦或悲观情绪；当大宗商品大涨大跌时，普通商户日常经营中的心理是如何受到影响的。影像作品的后期制作，还可以借鉴综艺节目的经验，将漫画滤镜以及花字或特殊音效增添到剧情中，起到良好的渲染作用。

值得我们进一步思考的是，身在这样一个快节奏、碎片化、视觉化的社会，当海量金融信息与短视频的细碎呈现方式交互融合后，受众是否会期待既简短快速而又信息量饱满的视频内容呢？这是否会对金融短视频的生产提出新的要求？我们应当如何在创作金融短视频时缩短叙事时长，呈现高爆点、高感染力的故事？如何"点燃"视频中的瞬时爆点和燃点？这些对于丰富金融叙事方式和叙事内容来说，都是值得深入探讨的话题。

# 第五章

# 好故事密码：叙事技巧与思想传播

《志》有之："言以足志，文以足言"。不言，谁知其志？言之无文，行而不远。

——中国古代思想家孔子

讲好任何一个行业故事的前提是先学会讲好一般意义上的故事，领略故事生产创作中的普遍规律与常规方法，然后将之移植到特定的行业中进行化合融糅，以便形成具有行业特点的故事。然而，从寻找叙事普遍规律上来说，我们首先还是需要跳出行业局限，从一个更加宏观的视角上明觉精彩故事创作的基本原理与基础共识，在"连环追问"中步步逼近好故事的通行密码。

我们如何认知事物，并确定叙述的主题？如何搭建文章的骨架，进而刻画人物灵魂？如何在纷纷扰扰的事件中，抓取最具典型的事实，形成标新立异的亮点？引经据典时如何做到化用无痕？一系列发问都指向对好故事密码的抉隐探微。当然，金融叙事的终极归宿还是应当落实到如何运用径寸之笔，从苍苍茫茫的故事瀚海中掬起一朵朵美丽的金融浪花。因此，对讲好故事通行密码的破译也是为金融叙事提供颠扑不破的写作诀窍。

## 认知与思想

一个人的认知往往决定了这个人对事物看法的层次，并最终影响到他的选择、境遇与命运。试想一下，如果一个人不分是非、混淆黑白，却还要坚持按照自己的认知框架去判断事物，那么他得到的结论一定也会偏离事物的本来面目，甚至充满谬妄与荒诞。假如这个人还要运用这样的观念或结论去指导故事生产，就可能造成难以估量的信息捏造与语言浮夸。但是很多时候，被自我认知羁绊的人类不仅不会省察与反思，却还悠哉乐哉于作茧自缚的苦果，在给人类社会制造"叙事陷阱"的同时，痴人说梦般地津津乐道。

认知的深浅直接决定思想的厚薄。春秋末年儒家代表人物曾参认为，世间万物都是人心认识的对象，都具有各式各样的客观规律，人心的作用就在于求得万物之理，也就是"即物而穷其理"。

所谓致知在格物者，言欲致吾之知，在即物而穷其理也。盖人心之灵莫不有知，而天下之物莫不有理。惟于理有未穷，故其知有不尽也。

——《礼记·大学》

格就是推究，致就是求得。要想获得知识，就必须接触万事万物而彻底研究它的原理。人的心灵都具有认知能力，天下万物都有一定的事理，只不过因为这些原理没有被完全弄清，所以人类的认知没有穷尽。

格物致知重点阐发了传统儒家关于修齐治平的理论，其中有一段说道：

大学之道，在明明德，在亲民，在止于至善……致知在格物。物格而后知至，知至而后意诚，意诚而后心正，心正而后身修，身修而后家齐，家齐而后国治，国治而后天下平。

——《礼记·大学》

南宋理学家朱熹在解释《大学》"格物"时指出：格，至也。物，犹事也。穷至事物之理，欲其极处无不到也①。意思是格物就是要穷尽事物之理，只有达到尽处，才是"格"。

由此可见，人类对事物的认识也就是获得"知"的过程，不是蜻蜓点水、浅尝辄止，而是一定要达到"穷"的程度。"格物者，格，尽。须是穷尽事物之理，若是穷得三两分，便未是格物。须是穷尽得到十分，方是格物。"② 如果说格物是通过"向外求"努力认识事物本身的客观法则，那么致知就是通过"向内求"形成对事物内在规律和本质的理性认识。

虽然，传统儒家将格物致知视作实现明德、新民、止于至善的方法与手段，但是其格物的对象主要是人的内在心性。即便到了朱熹那里，格物的对象依然局限在道德修养的范畴，力求将外界事物的客观规律内化于人的内心世界。

明末清初，桐城派方以智对格物对象范围进行拓展，将传统的注重心性修养的格致之学引向了对客观物理世界的探究，提倡将具有观察、验证意味的"质测"当作即物穷理的方法。"汉儒解经，类多臆说；宋儒惟守宰理，至于考索物理时制，不达其实，半依前人。"③ 对物理、技术和自然现象的探究，冲破了道德心性范畴，带有浓郁的实证化特征和西方自然科学意蕴。

但是格物学毕竟不是物理学，人类认识事物的一般路径总是从细小片面的局部现象开始，依托直觉和默想生发感性认

---

① 朱熹. 四书章句集注（上）[M]. 上海：上海古籍出版社，2006：6.
② 黎靖德. 朱子语类（卷15）[M]. 北京：中华书局，1986：283.
③ 方以智. 通雅 [M]. 北京：中国书店出版社，1990：21.

识，然后通过分析明辨获得经验和方法。在此过程中，心灵中的"情"和"意"必然会发挥作用，因为情感的关联总是先于理智的认知。

这种"以情应物"的观念在传统儒家那里并没有被提及或重视，到了明代思想家王阳明那里，第一次真正重视心灵中"情"和"意"的功能，认为"诚意"是内心的真实、真诚与纯净，是心灵深处最原始、最真实的情感和意愿，格物其实格的不是物体表象，而是人的主观之心，将格物与修心联系在一起。

初年与钱友同论做圣贤要格天下之物，如今安得这等大的力量？因指亭前竹，令去格看。钱子早夜去穷格竹子的道理，竭其心思，至于三日便致劳神成疾。当初说他这是精力不足，某因自去穷格，早夜不得其理，到七日亦以劳思成疾。遂相与叹圣贤是做不得的，无他大力量去格物了。及在夷中三年，颇见得此意思，乃知天下之物本无可格者，其格物之功，只在身心上做。决然以圣人为人人可到，便自有担当了①。

王阳明说的"乃知天下之物本无可格者，其格物之功，只在身心上做"并没有将物与人分开，而是在物我映照的前提下进行"格物"，用心去体察物的状态，"格其心之物也，格其意之物也，格其知之物也"，不再是穷形尽相，而是穷理尽性。如果将这种理念应用到讲好故事中，可以得到这样的启示：讲好故事是叙事者从认知事物到产出思想的过程。任何一

①　王阳明. 传习录［M］. 王学典，编译. 北京：蓝天出版社，2007：322.

个好故事的产生都离不开对人、对事的认知，认知是生产者或叙事者以身心为媒介，嵌入特定情境与世界进行交流反馈的行动。

如果说格物是叙事者从感性认识出发，对叙述的物象进行充分了解和细致观察，即"故事来源于生活"，那么致知就是叙事者通过理性思维把握天体运转、四季交替以及人类社会的生存繁衍之道，形成自出机杼的思想认识，即"故事高于生活"，认识得愈深刻，思想就愈厚重，故事的境界也就愈高。

"夫缀文者情动而辞发，观文者披文以入情。沿坡讨源，虽幽必显。"① 叙事者总是先有蓄积在胸的思想感情才会执笔成章，读者总是先通过阅读文章理解意思，然后才能体味蕴含的思想境界。沿着文辞追根溯源，即使潜藏在文中的深幽意思也能显现出来。

那些人类记忆深处的残片，之所以经年累月地留存在我们记忆深处，在某个似曾相识的瞬间触发我们心灵中或甜蜜或感伤的情愫，归根结底还是缘于它为我们的精神世界抹上了思想的底色。因为任何文字表述，不论运用什么手法，背后都有精神活动，这种精神活动是文字的价值所在，既有崇高宏大的，也有悲悯温暖的、幽情雅趣的。可以说，故事的高度取决于思想的高度，思想是故事的内核。

对金融行业的"格物"体现在选取一个具有代表性的机构、家庭或人物，对其金融活动和行为进行层层递进的微观切

① 刘勰. 文心雕龙［M］. 东篱子，编译. 北京：中国纺织出版社，2018：299.

入，或者讲述最能够凸显机构传奇色彩和丰富内涵的核心故事，并将叙述者代入相应的情境中，在物我一体的情境中，按照叙述者从"格物"中得到的认识，对金融事件发展变化的原因进行深度剖析，循序渐进地挖掘波澜起伏的人物心理和腾挪跌宕的故事情节，并以此为缩影来揭示社会变迁的来龙去脉，让枯燥乏味的金融题材生动起来。

## 气脉的贯通

中国古代朴素唯物主义认为气是万物的本原，可以用来解释说明万事万物的变化规律。第一次把"气"和"言"联系在一起的是孟子。他的学生公孙丑问他擅长哪一方面，他回答"我知言，我善养吾浩然之气"①，意思就是我能分析别人的言辞，我善于培养我的广大而刚强的气质。在孟子看来，气决定言，言则成文。

有塞天地之气而后有垂世之文。明代王文禄将文气视作一种源于元气的物质力量。从中医学角度看，这种元气是人体内一种细小难见、运动迅速，具有很强活力的精微物质，是构成和维持人体生命活动的最基本物质，不知可否与新近发现的中微子相类比？留待物理学家们论证。不管怎样，只有元气充沛、思路荡开，才有可能创作出振聋发聩、冠绝古今的鸿篇巨制。

---

① 孟子. 孟子 [M]. 方勇，译注. 北京：中华书局，2010：49.

任何文章都有属于自己的气脉，就如同人体拥有经络一样，通过经气的运行调节躯体、脏腑及全身组织的生理功能。有人经脉不畅，所以病骨支离、弱不禁风；也有人浑身通透，所以活龙鲜健、神采奕奕。文章也是如此，有的文章读来气势磅礴，如黄钟大吕，铿锵而鸣；有的文章则气若游丝，如木鸡呆立，意乱神衰。人的身体健康状况望闻问切就能大体判断，文章的好坏优劣在诵读品味之后，也能高下立见。

气脉是流淌着文气的经脉。"文以气为主，气之清浊有体，不可力强而致。譬诸音乐，曲度虽均，节奏同俭，至于引气不齐，巧拙有素，虽在父兄，不能以移子弟。"① 文章是以"气"为主导的，气又分为清气和浊气，并不是靠出蛮力就能习得。就拿音乐来举例子，曲调节奏有统一的衡量标准，但是运气行声不会一样整齐，技巧也有优劣差别，父亲兄长具备的能力，也不一定就能传给儿子和弟弟。

由此可见，文气是一种比较独特的带有天赋性质的东西。从源头上看，这种气是创作者在"格物"过程中，为外界事物触发而形成的志气才情，是感性认识与理性思考糅合后的一种鼓荡于胸中的情志。这种情志深深扎根于创作者的大脑，一旦得到抒发与释放，就会充盈于作品中，成为贯穿通篇的文气，漫溢读者的周身。

如果说人因气脉的贯通而延续生命，那么文章则会因气脉的贯通而灵动活泼。"脉"代表着一种文气连贯的状态。试想

---

① 萧统. 文选全译 [M]. 张启成，等译注. 贵阳：贵州人民出版社，1994：3675.

一下，如果一篇文章的层次段落松散脱扣，上下文严重脱节，就连理解基本文意都相当困难，更不必谈什么文气贯通了。

因此，贯通气脉意指文章的文气不能隔断，必须依托声韵节奏与语言之美构成文章气势，用或长或短，或高或低，或强或弱，或缓或急的语句和声律接通文意、文辞和文法，将文章的生命力展现出来。既然气脉如此重要，我们又该如何贯通气脉呢？

笔者以为，气脉的贯通必须包含思想的贯通与叙事的贯通。

文章是客观事物的反映，如果没有对事物穷根究底的格物，就难以产生深邃的思想与洞见。思想是创作者内在精神的整体体现，好文章与好故事只有依靠思想的深度和文化的强力才能赢得读者，因为故事不是生活的点缀和装饰，而是生活本身，失去思想的文章如同断线的风筝，随风飘荡，读者在阅读中无法紧随创作者心气的波动变化而涵泳优游，剩下的只是连篇累牍的味同嚼蜡。

当创作者将思想贯注于作品中，生产出耐人寻味的故事时，读者完全能够感受到创作主体生命之气在作品中的律动。那种思想掠过心田的脉动与节奏，饱含着创作者对事物的事实判断与价值判断，彰显出创作主体生命运动的轨迹。正如曹丕对文章价值的阐释："盖文章者，经国之大业，不朽之盛事。年寿有时而尽，荣乐止乎其身，二者必至之常期，未若文章之无穷。是以古之作者，寄身于翰墨，见意于篇籍，不假良史之辞，不托飞驰之势，而声名自传于后。"①文章之所以能够流传后世，绝不是物理载体的传承，而是渗透在文章中的思想传承，是创作者深入思考社会人生之后的精神结晶，所以在有限的人生中，只有文章可以垂名千古，不受时间的限制。

文章是叙事的贯通，叙事必须藉气而行。"人体中呼吸、循环、运动等器官本身的自然的有规律的起伏流转就是节奏。人用他的感觉器官和运动器官去应付审美对象时，如果对象所表现的节奏符合生理的自然的节奏，人就感到和谐和愉快，否则就感到拗或失调，就不愉快。"② 当充沛的气脉流贯到文章中，形成内在的脉络与张力时，无论言辞与音节如何变化，文章也是自然流畅的。

叙事的贯通反映在章法结构上就是文意表达与文气运行都必须依赖章法安排和字句组合，通过连字成句，连句成段，连段成章，让文气在聚散交汇中显现出抑扬顿挫的动态美感，特别是段落与段落之间要似断实连，呈现出"一气呵成""浑然一气"的审美效果。

"神气者，文之最精处也；音竹者，文之稍粗处也；字句者，文之最粗处也。神气无声无形，最抽象；音竹有声有形，较具体；字句声形皆备，最具可感性；因音竹者，神气之迹也。"③ 桐城派古文家刘大櫆认为神是气之灵魂，气是神之外

① 郭绍虞. 中国历代文论选：第一册 [M]. 上海：上海古籍出版社，1984：158.
② 朱光潜. 谈美书简 [M]. 北京：北京出版社，2004：63-64.
③ 刘大櫆. 论文偶记 [M]. 北京：人民文学出版社，1959：6.

化。笔者以为这里所谓的"神"就是文章的思想与洞见，是创作主体的情感和心灵在思维活动的支配下，形成的观点及观念体系。这里的"气"就是这种真实的思想感情浸透到语言文字中形成的气势。

那么如何实现金融叙事的达意贯气呢？首先叙事者必须认识到金融叙事不仅仅是资本叙事，也是社会叙事和国家安全叙事，应当深入理解市场经济和现代金融体系的规律，将天地自然、历史文化、风险机遇、市场前沿共同打包，汇入思想的熔炉。

其次在叙事层面要摒弃大量的专业术语和冰冷数字，不仅要传达"事之逻辑"，也要讲述"逻辑之事"，将金融的宏观世界、作者的中观世界、作品的微观世界紧密融通，形成有组织有秩序的文本，为产业转型、科技创新和财富增长提供思维与决策的智力驱动。

谁能养气塞天地，吐出自足成虹蜺。


## 细描和跳笔

实现文章气脉的贯通不仅需要从宏观视角营造文本的总体气势和语言魅力，还要穿透到行文的语言结构中逐一进行段与段、句与句、词与词之间的文气连缀。这当然离不开写作手法的运用。细描和跳笔是写作中两项至关重要的技能，能够在"术"层面为讲好故事提供必要支撑。

如前文所言，好故事必须具备共情的力量，必须紧紧依赖具体而精微的故事细节，特别是从多侧面和层次进行人物活动描写与场景渲染。由此，细描派上了用场。

作为工笔画的一种技法，细描注重用工整细密的笔法对事物的主要特征进行细致入微的刻画。将这种技法借用到讲故事中，就是要对描写对象的特征进行精雕细刻，因为故事文本中生动的比喻、细腻的笔触和绚丽的文字就如同工笔画中浓笔涂抹的斑斓色彩，可以把人物形象描绘得栩栩如生。

比如《红楼梦》里描写贾宝玉赶往芦雪庭对诗的画面，就使用了细描手法。

到了次日清早，宝玉因心里惦记着，这一夜没好生得睡，天亮了，就爬起来掀起帐子一看，虽门窗尚掩，只是窗上光辉夺目，心内早踌躇起来，埋怨定是晴了，日光已出。一面忙起来揭起窗屉，从玻璃窗内往外一看，原来不是日光，竟是一夜的雪，下的将有一尺厚，天上仍是搓绵扯絮一般。

宝玉此时欢喜非常，忙唤人起来，盥漱已毕，只穿一件茄色哆罗呢狐狸皮袄，罩一件海龙小鹰膀褂子，束了腰，披了玉针蓑，带了金藤笠，登上沙棠屐，忙忙的往芦雪庭来。出了院门，四顾一望，并无二色，远远的是青松翠竹，自己却似装在玻璃盆内一般。于是走至山坡之下，顺着山脚，刚转过去，已闻得一股寒香扑鼻，回头一看，却是妙玉那边栊翠庵中有十数枝红梅，如胭脂一般，映着雪色，分外显得精神，好不有趣！①

---

① 曹雪芹，高鹗. 红楼梦 [M]. 第3版. 北京：人民文学出版社，1964：612.

　　这段描写非常经典。首先是用了"心里惦记""没好生得睡""爬起来掀起帐子""忙起来揭起窗屉""忙唤人""忙忙的往芦雪庭来"等一系列动词和动作将人物急切的心情表现得淋漓尽致；其次是通过"茄色哆罗呢狐狸皮袄""海龙小鹰膀褂子""玉针蓑""金藤笠""沙棠屐"等一系列装束类的词汇对人物衣着进行具体详尽、精致入微的临摹刻画；最后是自然景观的描写，"一尺厚的雪""并无二色""青松翠竹""十数枝红梅"，在颜色对比中增强叙事的生动性和现场感。

　　笔者仿佛身临其境，远远地瞧见一位雍容雅致的年轻人急匆匆行走在红梅映雪的小径上，清晨温煦的阳光普照着高天大地，一行行足印向着苍苍茫茫的远方延展……

　　细描的特点是"细"。这个"细"从写作目标上来说，是从生活的缝隙里挖掘有价值的细枝末节，多侧面、多层次地表现可能被人遗忘的边角料，从写作技法上来说，是用极其细腻的笔法和绚丽的文字精确从容地刻画人物与事物，特别是对事件发展的环境背景以及人物的性格、肖像、心理、动作等做细微而具体描写。

　　正缘于笔法的"细"，使用细描手法的语句或语段就如同一颗颗镶嵌在文章气脉中的珍珠，彼此连缀共同构成文章的肌肉和血液。看看美国作家西奥多·德莱塞在《金融家》一书中是如何运用细描手法的。

　　他站在那里，背后的门开着，一个矮子，面色黝黑，三十八或者四十岁的职员模样的人，他瘦削的身体，苍白的面庞可以说明他机械的头脑是不知道冒险思想的，他的右手拿着一张白纸条。

"波士顿的美国火险公司宣告无力偿还赔款。"锣声又响了一下。

风暴立即又开始，来势比以前更猛烈，因为倘使这星期一的早晨在一小时的观察以后，倒闭了一家保险公司，那么四五个小时或者一天或者两天以后，会变出什么花样来呢？这就是说芝加哥被烧毁的人是不能恢复营业的了，这就是说一切有关的贷款，现在都已经或者就要收回了。受了惊的"多头"都叫着要抛售一千、五千股的北太平洋、伊利诺中央公司、理定公司、湖滨公司、华贝许公司的股票；当地的一切街车公司和柯帕乌德市公债，价格一泻不止，足以使有关的人们全都惊惶失色。在休息的时候，他急忙走到奥赛·列维斯的身边，但是却说不出话来①。

上文首先在细节处落笔，对人物肖像进行刻画，然后非常流畅自然地过渡到惊险的金融危机中，运用生动形象的语言对人、事、物做出具体描绘，使读者能立体地感受到股市风暴的情形。正是因为作者在细致观察基础上，运用了细描手法，才能凸显具有代表性的场景，释放强烈的艺术感染力。

需要指出的是，笔者之所以推崇细描而不是白描也是有原因的。因为白描往往用朴素简练的文字描摹形象，只突出描写对象的特征和情态，缺少精雕细刻和层层渲染，虽然简洁传神，但是不尚修饰，很难做到细致丰满。这对于讲好故事来

---

① 德莱塞. 金融家［M］. 裘柱常，译. 广州：花城出版社，2016：207.

说，实际上缺少一种氛围的渲染与视觉的浓墨重彩。

　　与细描这种写作手法可以并重的另一种行文技巧是跳笔。这是从新闻写作中借鉴而来的一种笔法。记者在撰写稿件时，为了着力凸显读者最感兴趣的新闻事实，常常通过跳跃方式将内容组织起来，不仅可以省略许多过渡句和过渡词，也有助于形成活泼明快、跳跃式推进的节奏，避免密匝匝、黑压压的大段落和长句子给读者带去沉重的视觉负担。

　　具体来说，就是将新闻事实拆解成多个短段落，再根据新闻价值大小进行排序，把这些短段落灵活自如地组装起来，以一个个生动的画面映入读者视线，就像一粒粒玲珑剔透的质点突然在作品中巍然显现，让读者在阅读过程中的思绪因行文的跌宕而不断产生碰撞、交汇，引发心灵深处的情感反应。

　　众所周知，今天的新闻就是明天的历史，今天的历史就是昨天的新闻。实际上，新闻也好，历史也罢，都是在讲故事。那么跳笔的行文诀窍本身也应当可以应用到讲故事中，通过"跳跃式"的叙述拉伸故事的历史长度与厚度。比如一篇好故事可以分为若干部分，通过在每个部分的小标题或者段落开头设置一个亮点或悬念，能够将不重要的情节和片段省去，只保留一个侧面事实，多个侧面事实就可以组合形成一个完整故事，通篇文字始终处于亮点的闪现中，更容易调动读者的阅读兴趣。

　　美国历史学家威廉·曼彻斯特在社会纪实作品《光荣与梦想——1932—1972年美国实录》中描写了1932—1972年美国政治、经济、文化，以及社会生活的全景式画卷，在描写

20世纪30年代经济大萧条的情景时，在段与段之间，段落内部都运用了跳笔方法。

正午，中央车站前面排上了长龙，无数纽约市民拥向这家全球首屈一指的私营储蓄银行，要提现款。下午3点，银行大门关上了，可是一大群人还没有拿到钱。这时只见伊利诺伊州州长亨利·霍纳坐在芝加哥市联邦储备银行里，神色紧张，一边捻胡子，一边看统计数字：两星期以来，芝加哥各家银行已经付出了3.5亿元。这场风暴在内地各州肆虐17天之后，此刻转向纽约和芝加哥这两大金融堡垒，猛扑过来了。

……

过去两天，全国银行储户总共提走了5亿元现金。他们认为纽约各银行还不理解目前的灾难有多严重，应该设法保护他们才是。米尔斯和伍丁都认为，必须说服纽约州州长莱曼命令全州银行停业，霍纳州长也必须宣布伊利诺伊全州银行停止付款。凌晨2时，霍纳宣布全州银行休假，莱曼也在4时20分做出了同样决定。清早6时，胡佛接到了报告。他说："我们已经山穷水尽，再也没有别的办法了。"

全国金融的心脏停止跳动了。各州的银行业务有的完全停顿，有的部分停顿。华尔街街头虽然国旗飘扬，庆祝新总统就职，但证券交易所却正式关闭了。芝加哥的商品交易所也关了，这是1985年来第一遭①。

---

① 曼彻斯特. 光荣与梦想——1932—1972年美国实录［M］. 海口：海南出版社，三环出版社，2004：50-51.

**美国经济大萧条时期市民涌向银行**

　　上面简洁的文字带给人跌宕起伏的感受，特别是每个段落内部疏密相间、浓淡参差的短句子引人入胜，实现了由近到远或由远到近的时间与空间跨越，在描写中有粗有细、有简有繁，多角度、多侧面地提供丰富信息，让人在看故事中体味"文似看山不喜平"的效果。

　　值得一提的是，跳笔行文经常会与欧美新闻界广为推崇的"散点透视"写作方法混淆。"散点透视"将看似无关的东西扭结在一起，在平静细碎的描述中隐藏着一种情感，容易让人误以为是一种跳笔行文。

　　实际上，散点透视方法最初起源于中国绘画的一种技法，画家通过移动的方式观察事物，把各个不同立足点上看到的东西都纳入画卷中，因此可以创作出数十米甚至上百米的长卷。

笔者以为这种独特技法运用到文稿写作中会存在"水土不服"。因为绘画作品主要诉诸视觉感官，挥毫泼墨中的远近空间感可以一览无余。但是文学作品对抽象思维的要求较高，需要配合大脑的快速吸收与消化。散点意味着许多个微小事实之间是相互独立的、散漫的，信马由缰的写法可能引起读者的思绪飘忽难定。

## 用典无痕

人类通过格物致知可以实现从认知事物到凝结思想的飞跃。如果将这种思想形诸笔端，文章的气脉也会随着思想的汩汩绵延而连贯相通，若是再辅以细描和跳笔的表现手法，似乎就能构成讲好故事的"通行密码"。明确的主题、充沛的精神、精湛的描绘、跌宕的文风……如果说这个时候还需要再配上点什么佐料的话，应该是用典。

用典简言之就是使用典故。作为自然社会历史现象的集中和凝练，一部分典故源于自然界和人世间实实在在发生的事件或存在的物象，卧薪尝胆、程门立雪、人面桃花……另一部分则来自人类假想的或难以确证的含蓄朦胧的意象，夸父逐日、精卫填海、牛郎织女……

当我们在文章中援用历史典籍中的名人旧事、神话传说、寓言故事或者前人诗赋中的词句时，可以将自己想说或者不便直说的情感和事理表达出来。通过援引化用，典故可以融为文章血脉相连的有机组成部分，增添委婉含蓄、意境深远的魅力。虽然典故文字简练，却与一个个生动的故事紧密相连，读到典故，就会自然而然地想到故事，产生言简意丰的艺术效果。

比如歌曲《西湖情歌》对典故的化用，能够让作品在促发联想中展现文化韵味和历史深度。

> 心在哪里丢了断桥知道
>
> 情留何处问一问江潮
>
> 流水的时光谁来相告
>
> 湖山若梦浮生入怀抱
>
> 赏红莲松云入墨西湖春晓
>
> 塔玲珑悬妙笔青天挥毫
>
> 水影月香飘风轻蝉噪
>
> 春心许西子天涯海角
>
> 淡妆浓抹身裹着红袄
>
> 雨伞作媒问你可好
>
> 你说此生只合江南老
>
> 谁知云散天际花落香消

歌词采用白描和夹叙夹议的表现手法，将西湖景物一网打尽，没有虚假的做作和雕饰的痕迹，娓娓道来，不妖不媚。西湖的山水景观和风土人情仿若一幅徐徐展开的画卷，全景式、立体式呈现在我们面前。

断桥残雪、钱塘江潮、平湖秋月、苏堤春晓、雷峰夕照……"西湖十景"的意象抱朴含真地化合在词中，读来自然流畅。作者化用了苏轼"欲把西湖比西子，淡妆浓抹总相宜"与韦庄"人人尽说江南好，游人只合江南老"的诗词，还将对联趣事中苏轼的一首打油诗"大江宛似砚池波，扭住青山当墨磨；铁塔玲珑悬妙笔，青天能写字几何？"也巧妙整合进来，用有限的语词抒情言事，展现出含蓄典雅的意韵。

再来看看元杂剧作家王实甫的一首《仙吕·混江龙》。

落红成阵，风飘万点正愁人。池塘梦晓，阑槛辞春。蝶粉轻沾飞絮雪，燕泥香惹落花尘。系春心情短柳丝长，隔花阴人远天涯近。香消了六朝金粉，清减了三楚精神。

其中"落红成阵，风飘万点正愁人"将北宋词人贺铸《木兰花》中的"纷纷花语红成阵，冷酒青梅寒食近"以及杜甫七言律诗《曲江》中的"一片花飞减却春，风飘万点正愁人"进行了糅合。"隔花阴人远天涯近"源自欧阳修《千秋岁》"夜长春梦短，人远天涯近"。作者师法前人，悟发新解，经过重新的变形组装，构成了一首新词。

作为前人精心提炼的语言结晶，典故蕴含着丰富的生活内容和含蓄深沉的思想感情。我们在讲故事时适当地引用典故，可以借古抒怀、以古鉴今，把想要说的千言万语和深刻复杂的思想熔铸在引经据典里，婉转表达出作者对现实生活的爱憎褒贬，创造出镶金嵌玉的审美效果。

在谈到诗词用典时，有唐诗研究专家认为，"以最轻灵的笔触，从侧面或反面即事微挑，引导读者自己去思考问题，使全诗意境显得活泼生动、透彻玲珑，而不粘滞于他所征引的事实的本身现象"①。确实如此，巧用典故能够推动多个事物、人物跨时空交会，引发读者无穷联想，实现平常中见新奇，平实中出灵动的效果。

平心而论，笔者更倾向于在写作中化用典故，化用重在"化"，化而为用。如果只是直接引用历史事实或者前人著述中的语辞，没有任何自己的消化吸收和真切感悟，文章即便显得雍容华贵、耀眼夺目，也难免陷入生搬硬套、乱贴膏药的泥潭，更奢谈情感和意境的表达。毕竟为"引"而"引"的简单套用终究比不上创新的化用。

化用就是将前人语句巧妙灵活地变化翻新，不着痕迹地潜隐在作品中，既不显得巍然突兀，又能让文字极具张力。由此观之，典故与文章的关系应当如同盐和水的关系，典故如盐，文章似水。典故化合在作品里，就如盐着水，有味无痕。若是熟稔典故，便会觉得意味悠远，纵然不了解典故，也可以领会文意。

要讲好金融故事，善于化用典故是至关重要的。复杂抽象的金融概念与资本运作以通俗易懂的典故表达出来，能够让读者更加轻松自然地接受。比如谈到资本市场时，可以使用"群雄逐鹿""八仙过海"等典故；谈到投资决策情景时，可以使用"运筹帷幄""审时度势"等语词；谈到投资收益时，可以使用"铢积寸累""利用厚生"等典故；谈到金融风险时，可以化用前人警策之语，如"祸患常积于忽微""千里之

---

① 马茂元. 马茂元说唐诗 [M]. 上海：上海古籍出版社，1999：79.

堤、毁于蚁穴"等，引发读者多重联想。

需要注意的是，引经据典虽然能够彰显文章的底蕴，但是典故一旦滥用，文章就容易流于刻意，显得拘谨。雕琢自是文章病，奇险尤伤气骨多，追求"奇特险怪"会损伤文章的气势和骨力，因此，用典一定要服务于文意，根据行文需要恰到好处地化用，用典不是作者行文过程中的矫揉造作，而是因为某种思考激发了胸中存蓄已久的情愫与灵感，自然而然地旁征博引、信手拈来。

# 第六章

# 能源叙事：从历史经验到现实指引

---

郦、延境内有石油，旧说"高奴县出脂水"，即此也。生于水际，沙石与泉水相杂，惘惘而出，土人以雉尾挹之，用采入缶中。颇似淳漆，然之如麻，但烟甚浓，所沾幄幕皆黑。

——中国古代科学家沈括

从人类的生理与心理规律来说，叙事是一个挑动人类感知神经的过程，挑动越深入，人类的记忆就越深刻，传播的效果也就越透彻。如果说本书第二章着重指出了金融叙事的痛点与难点，第三章通过向古典作品回溯，为讲好金融故事找寻文化意蕴与创新灵感，那么本章则是希望从比较成熟的能源叙事中汲取营养，并将其与金融叙事进行比照，以期为解决金融叙事困境提供参照。

日常生活经验告诉我们，当人类被身边五花八门的事物环绕时，总是最先记住那些能够原原本本在自然界找到"像"的产物。对光伏发电的记忆或许来自基因深处对洪荒年代电光惊雷的感知；对石油黑金的理解或许来自远古时期山林莽野间那些自燃而升的"天火"。

但是现代金融业务并不是大自然原生态的产物，它是人为创造的派生物。因此，金融叙事缺乏挑动人类神经和记忆的先天基础，而能源叙事总是能用一个又一个直观形象的场景唤醒人类灵魂深处久远的记忆。所以我们才会徜徉在那些绮丽缤纷的歌声里，体味故事中散发的魅力。头顶天山鹅毛雪，面对戈壁大风沙，嘉陵江边迎朝阳，昆仑山下送晚霞……莽莽草原立井架，云雾深处把井打，地下原油见青天，祖国盛开石油花……

## 基础驱动力

在戈壁荒滩上追风逐日，在深海大洋中乘风破浪，在地壳地幔间探幽取能……究竟是什么赋予了能源干预生活的强大魔力，以至于人类在讲述能源故事的时候可以信马由缰地浮想，构织一幅幅晔如彩虹的画面？

外形乌黑的石油煤炭或者是叱咤长空的电光雷火，总是以天然的物像呈现在人类面前。不可否认，真实可感的外形是能源叙事所倚仗的重要元素，但是从根本上看，能源携带的能量对人类社会产生的基础驱动作用是这些事物以及这个行业能够孵化撼天动地"大故事"的关键原因。它们带来了热能、电能、光能、机械能、化学能……

纵观近二三百年的人类发展史，地球上几乎所有的社会活动都离不开能源的参与，姑且不论工农业生产中需要大量的能源供应，就是日常饮食人家最基本的取暖照明、烹调洗漱等需求也无一不是仰赖能源持续不断地递送着能量。

这些能量不同于金融资本那样无孔不入地亲近生产生活，也不是捉摸不定、踪迹难寻的平波之下的暗涌，而是一种真真切切、完完整整的原形显现，将延绵不绝的"力"与壮美的大工业、普通人的烟火凡心紧紧交联在一起。

当然，在这些不同形态的能源中，人类使用最多的还是热与电，即便是在科技发展日益昌明的当下，这两种能量传递转化方式依然是物质运动和变化最主要的原动力。

**119**

让我们一同看看热与电的基本传递规律。

在热传递中，分子原子通过无规则碰撞实现能量传递，物体的高温部分热运动强烈，而低温部分相对较弱，分子原子的碰撞逐渐使得运动剧烈程度趋于平均，在这一过程中，热能由高温部分传到了低温部分。

在电传递中，因为电势差的存在，电路中的自由电荷会从较高电势的点向较低电势的点作大规模定向运动，并推动电流的产生和流动，随着电流的接通，电能也被传送到各处。

千万不要小觑这种能量的传递过程，从生物体的新陈代谢到星系间的万有引力，都要依托这种内在的能量传导机理。如果没有能量转移，能源和能量就无从产生功效，更奢谈在人类文明进程中发挥厥功至伟的作用。

英国埃克塞特大学教授蒂姆·伦顿从地球生命和地球历史的视角指出，整个生物圈每次变革和进化都是源于能源输入的不断增加[①]。当史前生物和藻类在物理化学作用下演变为石油和煤炭时；当古生物遗骸变质裂解为天然气时，能源贮存就实现了，太阳能在自养生物体内的高密度储积为生命的大规模繁衍提供了基础条件。

作为异养生物的人类，通过自养生物获取了能源，又在很短时间内开发出了大量新的能源。几十万年前，人类发现了柴薪生火的秘密，又逐渐学会使用畜力、风力、水力等天然能

① LENTON T，PICHLER P，WEISZ H. Revolutions in energy input and material cyc-ling in Earth history and human history［J］. Earth System Dynamics，2016，7（2）：353-370.

120

量。公元前 3500 年，人类第一次将风能用于帆船动力。大约
1 900 年前，中国古人发明木制水轮，将机械能转化成动能，
服务于磨粉碾谷和灌溉排涝。"凡河滨有制筒车者，堰陂障流
绕于车下，激轮使转，挽水入筒，——倾于枧内，流入亩中，
昼夜不息，百亩无忧。"① 再往后，18 世纪中叶工业革命之际，
蒸汽机问世，紧接着煤炭、石油、天然气步入了规模化开采阶
段……

　　能量的高效传递为高水平生产方式普及提供了可能。以石
油为燃料的往复式内燃机、汽轮机的发明将人类带进石油时
代，并将石油的能量传递到塑料、橡胶、化肥的生产中。在能
量的加持下，热力循环和动力装置实现了更新换代，人类文明
的机械化、电气化进程不断加速。

　　如果没有大自然"造化钟神秀"的运转秩序，没有热能
与电能奇奥深妙的传递规律，能源又如何贴附地球进化的千秋
功业，与普罗大众的冷暖痛疾紧紧扣联，涌现出绚烂缤纷、缀
玉联珠的故事？所有的一切都基于能量传递对社会进程的驱
动。或许我们可以这样说，故事不仅发生在能源采集和利用的
过程中，能源本身就是故事，"能源即故事"。

　　请看下面一则关于推广无烟煤的叙事。

　　在 19 世纪，居住在美国东北走廊的每一户家庭都需要热
源做饭，或在冬天取暖，家家户户依靠的是森林的丰富赏赐。
当时的费城，一个普通六口之家每年要烧掉至少八垛木材，富

---

① 宋应星. 天工开物 [M]. 胡志泉，注. 北京：北京联合出版公司，2017：16.

裕家庭则要用掉三倍于此的木材。1820 年，费城拥有 6 万居民，每年消耗近 10 万垛木柴。由于一吨煤可以抵大约一垛半木柴，推广者们知道在这儿可以打开无烟煤的销路，而不再东一车或西一车地去卖。

为了鼓励家庭采用无烟煤，推销人员分发了无烟煤使用指南，宣传无烟煤胜过木柴的出众供热性能，甚至直接演示。包括怀特开始经营无烟煤贸易时，就让店里的无烟煤一直燃烧着，便于上门的买家能够看到无烟煤燃烧的场景。到了 1850 年，无烟煤逐渐成为美国最重要的矿物燃料。

除了学会无烟煤的操作，用户还需购买专门的煤炉或炉格子。因为空气流经相互叠加的无烟煤块，必须有空隙或让煤灰掉出来，用户不能再用烧木柴的敞膛壁炉烧煤。为了降低准入门槛，无烟煤推广者们与制造商合作，促进了炉子设计的惊人繁荣：从 1815 年到 1839 年，专利局向炉子制造商颁发了 329 项专利（占该时期颁发的专利总数的近 4%）。在 1831 年，用户只需 5 美元即可买到一只煤炉，在大多数工薪阶层家庭力所能及的范围之内①。

以上富有生活气息的叙述让我们感受到能源已经不仅仅是一种物质、经济和技术现象，还是一种社会和文化现象。这种叙事没有专业的辞藻与复杂的数据，却在无声无息间触动读者的心弦，较之那些在讲述能源项目股权投资时，动辄堆砌数据与口号的金融机构，又是否能从能源叙事中汲取有价值的养

---

① 吕吉尔. 美国第一次能源转型的故事 [J]. 世界科学，2014 (7)：48-49.

分呢？

那些流淌在历史数据和未来预测中的智慧凝结，那些闪烁在产业渗透、产业交叉和产业重组中的步履征程，既属于能源叙事范畴，又与金融叙事体系有着千丝万缕的联系。"能源、金融两个产业间的关联性和对效益最大化的追求是产业融合的内在动力。"① 如果没有金融机构引入资本，创新投融资模式并建立多元融资体系，能源产业又将如何扩大整体规模、提升竞争力呢？

在这个意义上，金融叙事不必自惭形秽、妄自菲薄，而是要躬身向能源叙事取经，不仅要在气候变迁、地缘政治、可持续性发展、全球治理等议题上与能源叙事紧密绑定、交叉重叠，形成一种新型的能源金融话语体系，更是要让金融叙事的触角延伸到其他实体产业，追踪资金撬动产业的步履印痕，并用实体产业日新月异的发展倒逼金融机构产出好故事，本书第七章第二节"下游突破"将会对这个问题做进一步阐释。

## 三重物象解析

许多年前，我举着亲手制作的纸风车向远方奔跑，在暗香浮动的时光洪流中聆听童真的絮语。许多年后，我踏足茫茫戈壁滩，亲眼瞧见一台台三四十层楼高的巨型风车擎天而立，少时的快意温情一下子涌上心头。虽是山水异途、乱云苍狗，回

---

① 林伯强，黄光晓. 能源金融 [M]. 北京：清华大学出版社，2011：49.

忆织就的帷幔却随着三臂朝天的白色叶片迎风劲舞，慢慢地弥漫在前尘旧事的烽火狼烟中。

风能是大自然的恩赐，它在风力发电机组的作用下，源源不断地转化为绿色电能，并汇聚到升压站，然后输送到电网和千家万户的灯火灶台。机械设备、绿色电能与大漠的罡风冷月、人世的百态情长汇流在一起，构成了能源故事的生产链条。

如果说风车是一种能够孵化故事的物理存在，那么大海上星罗棋布的钻井平台似乎也概莫能外，它们用独特的外形、功能与社会价值，衬托起海洋油气钻探中金光熠熠的历史瞬间。

两次乘渔舟渡海的经历永久地刻印在我记忆的年轮上。连绵起伏的山峦镶嵌在天边，密匝匝的波峰浪谷逶迤伸展，在夕阳的照耀下反射出阵阵金光。忽然，影影绰绰间，一座由平台、桩腿和升降系统构成的钢制"浮城"远远地映入眼帘。登上平台的甲板，细细观摩放置其上的钻机、机械设备和生活设施，不由得惊叹平台这个庞然大物竟然可以在升降机的作用下沿着桩腿上下移动。

当需要进行海底钻探时，桩腿首先下放插入海底，平台被抬离海面。紧接着，高出甲板几十层楼的钻塔会放下一根钻井轴，直通海底、钻入海床。完成钻探任务后，平台会降到海平面高度，并将深嵌海底的桩腿全部提起，整个平台浮于海上。

这只是一般意义上的钻井平台。最先进的半潜式钻井平台采用一种类似钢制救生圈的壳体结构，充满空气的壳体能让数万吨的钻台浮于水面。同时，锚定系统会把锚固定在海床上，并用钢缆与整个钻台连接，只要收紧钢缆，整个平台就被牢牢固定。

一位钻探人士回忆起首次在千米深水开钻的情景。

虽然站在平台上稳稳当当、如履平地，心却跳得厉害。随着钻头在地层中不断地铁指寸进，身边就像有几十台挖掘机同时开凿路面，巨大的声响阵阵袭来，我几乎三天三夜没合眼，终于有一天，声音变小了，同事们喜不自胜地奔走相告，我从热情洋溢的脸庞上读到了好消息，我们探获了高产油气流……

海洋油气钻探从 300 米水深到突破 500 米、800 米、1 000 米……我的工作也从浅海走向了深海，虽然食物供给没有陆地上那么便捷，身体的生物节律也出现过紊乱，但是一种神圣的使命感在心头久久萦绕、愈结愈深。我知道工作的意义与价值正在于能够关联能源供应、民生福祉这个大理想。因此，我把对父母、妻儿的想念都埋藏在心底，融到了一点一滴的工作干劲中。

隔海相望处，秋水共长云。

无论是旷原山脊上的风车还是高风巨浪里的钻台，都以物理的外形与功能承载起生命的多彩与精神的张扬。倘若仅仅从复杂的工序、轰鸣的机械声和程式化的生活这些表象中去探掘能源故事，似乎有些隔靴搔痒、不得要领。

有谁愿意饶有兴致地探究那些不会开口说话的机械设备或是孤悬瀚海戈壁、单调乏味的人间一隅？但是当这些生产线上的家什物件与活色生香的人、人的精神结合起来，往往就能透射出一些别样的味道。风车或钻台上的每一颗螺丝帽、每一个控制阀的背后都挺立着许许多多的壮士，他们在云天大漠或者蓝色国土上升起一方人间烟火，用丹心热血中迸发的生命力为祖国的大工业发展树碑画像。

家国情怀不会因为工作方位的偏僻或是舟帆楫影的远去而泯灭。相反，正是那些航行在深海大洋中的艨艟巨舰愈行愈远，愈行愈深，情怀与精神才会愈发的深邃与厚重。

600 多年前，郑和率领一支史无前例的海上特混舰队，浩浩荡荡出了长江口，驶过东海和南海，昼夜星驰、一路向西，先后拜访了印度洋和太平洋的多个国家，最远到达非洲东海岸，书写了世界航海史上的传奇。

今天，当年旌旗蔽日，威仪隆盛的场景已然不复。多种船型珠联璧合形成的"深水舰队"肩负着"海洋强国"的历史使命，耕耘在广袤的海疆上，它们是否也曾踏足"海上丝绸之路"的航程？抑或生发与郑和七下西洋同样的感怀？

秋日的南海，碧空澄澈、波澜不惊，涛峰隐到了海底，云山倚着海平线。一艘钻井船正在为钻探新井做准备，另一艘物探船正在对地层进行三维扫描。当物探船采集到的地震资料得到价值确认后，钻井船会开钻取样，确认具体井位。随后，海洋工程船就会筹备建设采油平台。

水下大型电缆如何铺设？水下结构物怎样精确安装？凡此种种涉及工程建设的问题都需要工程船施展身手。有些油气井处在高纬度极寒地带或赤道附近的酷热海域，还需要环保船、三用工作船等各类船舶在性能上相互配合，拿出各自的"杀手锏"。

在这些搏风击浪的巨轮上，生活着许许多多的勇士，他们在心底认同找油寻气、捍卫海权对于国家的重要意义，当怒放的生命与羁旅愁思、能源使命混融在一起时，心之力就能转化成增储上产的利剑。

笔者曾经在采油平台见到海上日出与工人活动之间情景交融的画面：

到海上平台看日出之前，我的好奇心一下子提到了嗓子眼，想象着一轮红日在风卷浪涌，涛峰跌宕间缓缓升起，该是多么瑰丽的景观啊！后来，我又心生疑惑：石油工人每天都在平台上持久伫立，那朝霞捧日的景象是否也会在周而复始的原地瞻望中显得稀松无奇呢？

清晨蒙蒙亮，小张开始忙了，他在渤海深处的一座采油平台负责检修工作，昨天凌晨三点才结束设备检测，回到房间打盹三个小时后，又起床了。

揉揉惺忪的眼睛，小张忙碌起来。此刻，波光潋滟的水面无风无浪，远岛与云天相接，一团团火红的云霞正在高天上翻滚，那是太阳苏醒的眼眸，昨夜蛰伏在扶桑树上的太阳，现在已经睁大了眼睛，就要从雄浑的大海另一边蹿上来了。

小张瞥了一眼鱼肚白的天空，又赶忙俯下身子，认真检测地上设备的性能，并没有注意到天上的变幻。

奇崛的天穹上，云层嗖地一下崩开，万道金光顷刻洒落水面。

**日出东方干劲足**

我原本以为平台工人会对海上日出心心念念，后来又想到或许他们每天观看反而习焉不察了，结果却碰上了一位废寝忘食地干活而无暇观看日出的工人。他们对工作的投入与对自然景观的忽视形成了鲜明对比，我感受到的是工作中充实而蓬勃的干劲，周边的景致也不是猛厉与雄浑的惊涛巨浪，而是随着"温煦的阳光"变得可爱可亲起来。

前文已经说过，能源是社会进步的基础驱动力。无论是早期的蒸汽、煤炭还是晚近的石油、天然气和绿电，都是大规模工业生产须臾不可或缺的能量。能源的进化不仅依赖科技创新，也在一定程度上得益于能源叙事的胜利，正是因为能源叙事中蕴含着触动人心的花火，社会才能穿越历史洪荒，进入现代文明体系。

当人类谈论蒸汽机的时候，往往形成一种讴赞能源动力的叙事，强调蒸汽动力推动大规模工业生产带来的巨大变革；当人类谈论化石能源或清洁能源时，所有关于传统能源开发利用以及新能源的当下实践都可以纳入能源叙事范畴，由此环保故事、奉献故事都成了能源行业独特的花火。这种能源叙事反映在现实生活中就是激发了人们使用能源的热情，并在能源品类的比较中逐步汰换性价比较低的能源，倒逼能源的更新迭代。

值得我们深思的是，在声势浩大的能源叙事背后，金融的原初推动作用或者说能源的金融叙事被忽视了。

实际上，为了解决蒸汽机的马力问题，瓦特经历过多次研发失败，导致投资人的金钱"石沉大海"……如果没有一些有远见的资本家全力资助巨额资金、厂房和研发团队，也许工业革命和人类的历史都将被改写。"资本家朋友中最重要的人物是马修·博尔顿，他写信给瓦特表示，投资他的项目是出于他们之间的友谊，以及他'对既能赚钱又具独创性项目的热爱'。"①

原油是具有金融属性的。当沉睡的黑金被唤醒后，油气贸易引发的原油价格涨跌与供应多寡，不仅牵扯到地缘政治，还会引发巨大的市场波动与经济动荡。"在当前的国际石油体制中，任何一个石油出产国所发生的一个小事件都可能引发全球性的后果，其程度远远超过了事件本身或这个国家的重要性。除了金融市场与生俱来的投机性质之外，这一不对称性不仅使

---

① 克劳士比. 人类能源史：危机与希望 [M]. 王正林，王权，译. 北京：中国青年出版社，2009：99.

业内人士更加脆弱，也使政治决策者更加担心。"① 一旦出现供应危机，全球供应链都将面临中断风险。油气资源或者广义上的能源都是国民经济的命脉，中国大批量从海外进口液化天然气，不就是进出口贸易最好的说明吗？但是在当下的能源叙事中，科技与情怀的双重叙事掩盖了背后的金融叙事，金融的故事性被极大地遮蔽与削弱。

请看油价上涨对开发新能源项目影响的一段叙事。

能源历史学家忽视了油价大幅上涨的一个有趣而重要的方面。通过引发油价上涨，沙特偶然间挽救了许多大型跨国石油公司，使其免于破产。如果油价仍然停留在 3 美元左右，更不用说跌至 1 美元，那么几乎每一个至 1973 年石油禁运时恰好在建的大型能源项目的投资者也许已经破产了。

当油价猛涨时，阿拉斯加石油管道和大部分北海第一代巨型油田已在规划或建设之中。这些成本极高的项目大部分早在油价开始持续上升并稳定在非常高的水平前就已运营。上述许多重要能源项目的财务成本已经增长至原先预计的 5 至 10 倍。仅仅因为成本太高这一理由来停止这些项目已经非常困难。如果油价仍然维持在低位，这些大型项目过度的成本投入将导致项目所有者破产。仅因为油价飙升，许多成本极其高昂的新能源项目变得合理而具有商业价值了②。

---

① 赛比耶-洛佩兹. 石油地缘政治 [M]. 潘革平，译. 北京：社会科学文献出版社，2008：28.

② 西蒙斯. 沙漠黄昏：即将来临的沙特石油危机与世界经济 [M]. 徐小杰，主译. 上海：华东师范大学出版社，2006：50.

对于普通消费者来说，石油价格越低自然越合算。但是上述叙事却另辟蹊径，站在开发新能源项目的角度，将能源叙事与金融叙事结合起来，既说明了新能源项目建设的迫在眉睫，又指出这种项目建设需要大量投资，而油价上涨恰好为这类项目的上马提供了资金支持。

在本节中，笔者之所以援引能源叙事中风车、钻台和巨轮三个典型物象进行解析，旨在同金融叙事进行比照，试图打开各个行业画地为牢的闸口，让新鲜的识见漫过"讲好故事"的行业边界，形成"你中有我、我中有你"的更加丰富的叙事体系。

## 身份认同

有一个场景在我脑海中挥之不去，那是"石油铁人"王进喜跳进了泥浆中。

当时，钻机打到 700 多米深，碰到了地下高压气层，强大的液柱冲天而起，飞上几十米的高空，井喷发生了……

工人们将大量水泥注入泥浆池试图阻止井喷，可是缺少搅拌器，千钧一发之际，王进喜纵身一跃，用身体搅拌着泥浆，保全了钻机和油井。

或许是出于对肉身疼痛的本能怜惜，以及用生命搏战去践行能源使命的敬畏，每当读到这个故事时，我的周身就像被一股强烈的电流击中。于是，我记住了玉门、川中、大庆那些耳熟能详的名字以及那个群体的肖像，在 20 世纪 60 年代的"石油会战"中突破了一个又一个能源关隘……

与此同时，南海上打出了第一口油井，命名为"英冲一井"，意思是石油英雄冲锋陷阵打下的。

探油先驱者登上一艘方驳船，按照陆地钻井方法垒筑起"三角井架"，再用钢丝绳紧拉着冲击钻，往海底打几个窟窿。这种"陆探模式"并没有抓住大海的秉性，除了一些漂浮在海面的零星油花，最终捞出的150公斤原油宣告了第一口英雄井生命的结束。

同时期的西方海洋石油工业已经发生了翻天覆地的变化。欧洲国家在北海做了20多年的油气勘探工作，美国人比欧洲人早了40年，1897年，他们就在美国加利福尼亚州西海岸打出了世界第一口海上油井。

中国石油工业的先驱曾经带着攻坚克难的历史期许，围聚在玉门油田、大庆油田、胜利油田进行过最初的能源拓荒，甚至以经验几乎完全空白的身份闯入莺歌海附近的浅海区域，尝试用简陋的设备渗透海底的油气迷宫，直至燃尽了自己。

时代的履痕中散发着对能源的希冀，那是蹚过岁月泥潭的石油人，朝着远方出发的背影。

> 见过大漠戈壁的倥偬
>
> 点亮瀚海无边的孤灯
>
> 有人奔向了西风古道
>
> 我却匆匆地潜入龙宫

历史的冀盼在掀开能源生产帷幕的背后扮演着一个智慧的推动者，为当时存亡绝续的中国经济复苏注入了延生续命的甘霖，记录下中国人近代以来第一次真正面向能源、面向石油的身影。极大的勇气与真诚也让前赴后继的石油先驱在共同的命运挑战前形成了"青春无悔"的集体叙事，蛮荒僻陋之地的疏离与沉浸，裹挟着石油人情感的战栗与怒放，塑造了一种独特的群体性格和群体认同。

早期的石油人接受的是"有条件上，没有条件创造条件也要上"的大庆思维模式[1]。这种思维模式坚信找到石油主要靠一种"精神"。实际上，在科技日益昌明的当下，油气勘探开发需要将拼搏精神与专业知识进行深度融合。不过，在石油勘探开发的早期，这种"精神"是石油人对蹉跎岁月的集体镏金，也是身份认同的源头。能源的春雷打在了一个时代的帷幕上，文化共鸣中泛溢而出的生命力，如一簇簇春雨后苏醒的笋芽，破土冒尖、蔓延衍生，直至长成心头的一棵棵参天高竹。

作家赵钧海在讲述准噶尔的石油记忆时这样写道：

赛里木是一个对石油异常敏感的人。当赛里木在一次外出打猎迷路后，被一队商人指点来到了黑油山。从此，赛里木就再也没有离开过这个青石峡旁的黑油山以及那些咕嘟咕嘟喷涌的油泉。

当他看见那些一泓一泓溢出油面的黑油时，他异常敏感的脑海里就升起了一圈圈温馨的涟漪，这涟漪又一层层地扩散开去，仿佛一道道闪着光焰的宝石，散发着生命恒久的光芒，让

---

[1] 秦文彩，孙柏昌，等. 中国海：世纪之旅——中国海洋石油工业发展纪实[M]. 北京：新华出版社，2003：20.

他痴迷不已。赛里木蓦地预感到，这里将是他一生求索和栖息的安身之地。

于是，他就挖了地窝子，用梭梭搭起了围栏，用黑油浇淋了屋顶。从此，赛里木有一个简陋而宁静的家①。

在上面的叙事中，石油俨然成为情感的代名词，连接着个体对自然、对地域的记忆与想象，就像是一座意义转译的桥梁，承载着每个人灵魂深处对时光大地的热爱，通过它，人们可以回到精神栖息的故乡。

如果说个体对石油的认知能够激发根基性情感，并能推己及人，促进个体与他人，个体与整个行业的记忆共享，那么群体的石油实践则更为直接地在不同个体之间建立起身份的认同、理解与延续。

群体身份认同是在某一特定的地理环境或者文化建构中完成的，共同的"命运"使得每一位成员都在相同的时空中经历了共同的历史事件，通过相互阐释与印证，形成彼此关联甚至影响一生的社会记忆。

尽管群体的叙事者可能是由单独的个体来完成，但是个体叙事所使用的语汇或词汇彼此间却有着鲜明的相似性，以海洋石油行业为例，在海上劳作的工人每次出海都将长达 28 天，昼夜所见近乎是不断重复的场景，大家称呼彼此时，一般都在姓氏后面加个"工"字，王工、李工、张工……他们习惯性地称总部为"海总"，在他们的话语体系中，塘沽、湛江、深

———————————
① 赵钧海. 准噶尔之书 [M]. 乌鲁木齐：新疆人民出版社，2012：25-26.

圳这些临海城市都包含着超越地名的深意。

如果说语汇只是表征群体认同的片段式素材，那么共享性谈资则是群体成员形成总体性记忆的信息基础，它常常涉及历史上的命运事件、时代背景、人物传奇、生活方式以及局中人的价值观，并在群体内反复传播。

早年开发黑油山油田时，年轻的王成吉还没有这么犟。论资格，他够得上一个老石油了，他当钻井工，在沙丘、在荒野、在梭梭林里游动，像流动的鼹鼠，也像戈壁滩上奔涌的黄羊；他打出过有名的三十号高产井，那口井曾一度霸占过油田产油的冠军宝座。在油田不断壮大的某一天，盛装原油的油罐车再也拉不完那些不断喷涌的原油时，就开始建一条长长的输油管道。他于是就被调到了输油泵站当输油工，看管输油泵、修理柴油机，他什么都能干。那泵站其实很小，也就只有二十几个职工，而且被甩落在沙漠荒原深处的无人地带。他又变成了一个荒漠上孤独的守望者。是的，荒漠深处是寂寞的，冷凄的，但也是娴雅的，安谧的。我想，那正巧可以消磨他愈发刚烈的性子，陶冶他风花雪月的情操①。

群体共享的思想、语汇、修辞以及各类象征性仪式组建起具有鲜明行业特征的叙事体系。这不仅是群体共同生活、共同挑战命运的产物，也是他们在记忆与复述中表征集体认同和意义感的主要手段。这就像远古族群会通过举行周期性、固定化的祭祀仪式来表达、塑造族群秩序和道德规范，"仪式的本质

---

① 赵钧海. 准噶尔之书 ［M］. 乌鲁木齐：新疆人民出版社，2012：64-65.

就是族群的一种文化意识"①。这种彼此之间的文化认同交融着身份认同，形成存续传承的精神动力。

在这个意义上，金融行业的身份认同显得差强人意。以银行、证券、基金、保险、信托为代表的纷繁复杂的机构在业务范畴上并不能列入同一类别，往往会造成对同一行业其他机构事务的疏离。此外，随着资本在全球范围的流动和配置，一定程度上削弱了单个金融机构干预和左右资本流动的功能，也会对金融人的共同身份认同造成侵蚀。特别地，资本逐利与金融欺骗事件的层出不穷，让整个行业处在一种"利"字当头的氛围中，温情与悲悯情怀的缺失造成了金融叙事的短板，在行业文化层面形成了一个较为松散的共同体。

## 底蕴的沉淀

前文对石油群体的身份认同进行了阐述，旨在从石油这个重要的能源细分领域管中窥豹，来思考整个能源行业的身份认同问题。这种身份认同肇启于艰苦卓绝年代的筚路蓝缕，以启山林的拼搏精神，并在历史与文化的沉积中延展，深深塑造着行业的精神风貌、道德准则和行为规范。

前面谈到能源的基础驱动作用，这也是支撑历史底蕴的一个方面。从旧石器时代钻木取火，到步入农业社会使用柴薪，

---

① 特纳. 象征之林——恩登布人仪式散论 [M]. 赵玉燕，译. 北京：商务印书馆，2006：19.

再到 18 世纪煤炭登上历史舞台，以及 19 世纪石油、电力相继出场，能源的开发利用以及对社会发挥的基础驱动作用赓续不绝。

但是历史底蕴还包含其他方面的深义，能源的动力机制是如何在人类社会运转中发挥功效的？能源转型带来的经济现代化与人类的生产方式和精神状况又有着怎样的关联？

英国作家乔治·艾略特在长篇小说《弗洛斯河上的磨坊》中刻画出维多利亚时期，传统能源向现代能源转型给整个社会经济文化带来的冲击，特别是普通居民的日常生活价值观在这种冲击下出现了怎样的取舍与重组。

不过，对他影响最大的还是他对于老家的爱恋，在这里他从童年时代起就跑来跑去的了，正像后来的汤姆一样。杜利弗家住在这里已经有好几代了。从前，在冬天的晚上，他就常常坐在矮凳子上听父亲讲述那座一半用木料一半用石头建造起来的老磨坊。它在上几次暴发洪水之前还在，可是洪水冲坏了它，所以祖父就把它拆掉了，建起了这座新磨坊。等到他现在能够起床四处走动，看着旧时的那一切东西的时候，他才感到这个老家是他生命的一部分，是他自己的一部分，他是十分留恋、依依难舍了。在这里，他熟悉每一扇门和每一扇窗户开关的声音，他觉得每一个屋顶和每一个被风雨侵蚀、高低不平的小丘的形状和色彩都是美好的，因为他的感觉全都是在这些景物的熏陶下被培育起来的，所以他一想到自己会离开这里搬到别的地方去生活，就觉得难以忍受①。

---

① 艾略特.弗洛斯河上的磨坊［M］.伍厚恺，译.成都：四川文艺出版社，2018：288.

工业革命对人类价值观的冲击集中体现在蒸汽器具对农业器具的替代方面。上文中，杜利弗先生原先依赖农具牲口、磨坊和田地的产业"不得不进行拍卖"，不仅涉及工业化转型中的投资抉择和价值考量，还有一系列行为对人伦情感结构的影响。作者通过对磨坊前世今生、成住坏空的描写，将古老英国小镇的细微脉搏与特定时期的主流意识、价值观念以及整个世界心脏的跳动联结在了一起，这种能源故事能够让人体味到一种深沉的底蕴。

任何一个行业的底蕴都不是一朝一夕形成的，能源之所以能够成为故事的高产区，是因为行业底蕴的长久沉淀。石油行业从苦难中孕育的辉煌在"讲故事"和"听故事"中代际相承，逐渐内化为石油行业的精神、制度、物质、行为等多层次要素。因此，我们有必要从历史底蕴的生发机制上重新回顾石油精神的延展过程。

从资源特殊性上看，石油行业涉及勘探、开发、钻井、测井、试采、炼化、运输、销售诸多业务，在与恶劣自然条件、复杂技术设备打交道的过程中，一旦风险失控，可能出现井毁人亡的局面。因此，责任意识和安全意识成为一道道工序中的重中之重。

从原初的人员结构上看，石油会战的主体是部队退伍战士和军官，将高度的组织严密性、纪律服从性和艰苦奋斗的品质带到了油田上，奠定了早期石油行业的优良传统，玉门精神、柴达木精神、大庆精神等也渐渐熔铸在石油工人的精神谱系里。

　　我岳父说，当年黑油山周围满是人，满是新来的转业军人啊。1955 年来了一批五十七师石油师的；1956 年是我们，我来时克拉玛依仅有四百多人，我们一下子来了一千二百多人，有朝鲜战场下来的，也有其他部队的，我们一路风光来到这戈壁荒野开发大油田，好激动啊；1959 年又来了一批，这三批转业军人为克拉玛依立过汗马功劳，不过我也不是小看学校毕业和支边建设的队伍，他们贡献也很大，他们也应该让人敬仰①。

　　石油工人住干打垒，喝盐碱水，用人拉肩扛的方式昼夜运送钻机，让几十吨重的井架迎着寒风矗立荒原；他们为了在油井开钻前接通水管，用盆端桶提的方式往井场端了几十吨水。顽强意志与冲天干劲催生了以《干打垒之歌》《荒原男子汉》为代表的石油音乐，陪伴着他们在戈壁荒滩上找到一个个油气圈闭，打出一口口油井。

　　凡有油井处，皆诵石油魂。

　　石油行业的叙事善于从大工业的"象形取意"中提纯语言，升华心境，将铁人精神沉淀到石油工人的性格中，通过独具一格的石油文学来折射意志与灵魂，这种叙事传统积淀而成的历史底蕴恰好是金融行业所不具备的。

　　历史瞬间的凝固往往留下的并非点睛之笔。动辄倒闭、爆雷、跑路的金融行业在各式各样野蛮生长的背后步入污名化的快车道，高薪暴利、骗局丛生的指控背后是社会民众的切肤之

---

① 赵钧海. 准噶尔之书 [M]. 乌鲁木齐：新疆人民出版社，2012：66.

痛。这个行业没有凝结起像石油行业"三老四严"精神那样能够让人耳熟能详的金融精神和金融底蕴。

能源叙事不仅在构建历史记忆和家国认同方面拔群出萃，在具象业务探索中表现出来的专业精神也更胜一筹。石油行业的断层分析、井位测量，差之毫厘，谬以千里。对研究对象的差异化分析也是解锁未知世界的过程，蕴生出科研攻关中的专精与执着精神。这种精神是金融行业所缺少的，众说纷纭的股市、人云亦云的研究报告不过是茶余饭后的消遣和浮云……

行业底蕴确确实实关联到我们如何认知个体身份、集体身份和社会身份。难道金融行业真的不堪一击而没有可以从能源叙事中汲取的经验吗？为什么金融只能沦为功利境界中的叙事而无法进入道德境界与天地境界呢？如果将之与民本理念结合起来呢？是否也能焕发出"为民创富，为国担当"的形象？

当华尔街工作的商贾巨头腰包日益见涨，甚至远超一些俯身躬耕的科学研究者时，我们禁不住要问，金融的高薪为什么不能与沉浸、专注、温暖这些条件结合起来？金融为何不可以在渴求真善美的路上为天地立心，为生民立命？

原因或许可以归结为长期抽象叙事带来的思维定式。能源叙事能够援引那些撼天动地的物象，以及镶嵌其中的关键场景和事件，通过这种方式帮助人们回忆和体认行业底蕴，唤起读者心中对特定文化记忆的联想。但是金融业将那些"不食人间烟火"的概念一股脑儿地推向社会，缺少能够与心灵深度对话的抓手与媒凭。因此，从能源这个独特行业中汲取故事创作的经验养分尤为重要，一定程度上为金融叙事提供了丰富叙述物象，提振人物精神，挖掘行业底蕴等方面的有益参考。

当然，也许有人会质疑，认为能源叙事的语言也有很多生硬拗口的词汇，囿于一隅的大工业，以及专业的设备和工艺操作……

能够畅通无阻抵达人心的东西必然是千百年来常见的物象以及其中衍生而出的情感，"离离原上草、一岁一枯荣""感时花溅泪、恨别鸟惊心"，花草、鸟兽都是尽人皆知的物象。但是试想一下，人类接触花香鸟语、天地原野已经数万年了，接触能源行业的"钢铁城堡"不过才几十年，语言体系中出现稀有的词汇实属正常。换而言之，如果普遍使用过于飘逸柔软的词汇，必然妨碍叙事语言与大工业的胶着互渗，实际上附着在物件和"铁一般纪律"上的那些语言，即便生硬一些也并不妨碍故事的传播吸收，相反可以视作当代能源叙事对普罗大众发挥知识普及与教育培养功能。

底蕴的沉淀意味着任何一个企业都要力争打造百年老店，因为企业的注册成立时间只是工商登记层面的物理时间，但是业务本身的属性与延展性、业务本身的运作方式以及与社会的交互性却可以在叙事的加持下贯通古今，同仁堂和六必居不都是穿越了几百年历史烟尘才成为家喻户晓的百年老店吗？

历史是由一系列前后相继的事件构成的，人们对历史的复述或追忆也是一个不断提取、叠加、裁剪和建构的过程。为此，我们应当将中国传统文化与西方现代金融结合起来，将中国现代金融业"国之大者"的担当与几千年的商业史结合起来，向高处立，向深处寻，向远处观，让金融故事的生命力在更加深邃的历史华垫上延展铺陈，让金融叙事与其他行业的叙事体系进行碰撞、破壁，产生更大的灵感"火花"，进而出炉新的故事精品。

# 第七章

# 民生叙事：金融与社会的共振

桀纣之失天下也，失其民也；失其民也，失心也。得天下有道：得其民，斯得天下矣。得其民有道：得其心，斯得民矣。得其心有道：所欲与之聚之，所恶勿施尔也。

——中国古代思想家孟子

　　如果一件事物不能激发人类的想象力或是与柴米油盐的尘俗生活联系在一起，就很难实现深度记忆。当前，炙手可热的人工智能倘若只被归结为一种建立在机器学习、语言图像识别等技术基础之上的抽象数学模型，那么它必然会与普罗大众的生活起居日益疏离，最终沦为神龛之上冰冷肃穆的雕像。

　　要想取得更大范围的群体认同，必须在叙事时将人工智能贯通到生产、交换、消费、分配的各个环节，漫渗人类的衣食住行中，搭建起 AI 技术联结物质、精神与情感的纽带，展现一个因科技创新而带来的智慧生活世界，并由此蕴生出人类崭新的生活习惯与精神信念。

　　请看看笔者以 AI 为主题写的一首歌词"爱在云端"。

爱你有几种算法

多少语句才够情话

一湖数据怎样的代价

你给出最美的回答

人脑对芯片描画

不再怕天黑路滑

腾开双手紧紧拥抱

云端送我们回家

智慧加持五彩年华

驱动梦想的火花

生命，需求中爆发

龙的传人在进化

> 天下很大谁是牵挂
>
> 我一键命中你的靶
>
> 想象在星空下抵达
>
> 真爱划过海角天涯

在歌词中，笔者通过"无人驾驶"这个场景将人工智能与人类生活进行嵌合，描绘了一对伴侣乘坐 AI 汽车回家的过程，展现了现代高科技与日常生活深度链接后情感的新型表现方式。

或许民生冷暖与万家忧乐就蕴藏在这纷繁复杂的技术革命中。虽然许多迭代翻新的科技产品都融入了人性化考量，从界面设计与用户体验上促进了情感交流，但是被数字科技洪流裹挟的人类，总是天然地向往更加质朴的温情与关怀，向往纯净的心灵流动。在科技之光照亮的每一寸角落，都流淌着许许多多不为人知的故事，需要人类用心去捕捉，用心去体味。以心换心、以心感心是讲好故事、讲好金融故事的底层逻辑，也是通达民生的基石。

## 想象金银台

唐玄宗天宝元年暮春时节，李白携壶佩剑，攀行在泰山的绿荫崖壁间，只见奇绝的群峰上飞瀑喷流，凌空而下；耳畔的松风水声，时而窃窃私语，间或雷霆万钧，直至抵达巅峰极目远眺，逶迤的山峦层峦叠嶂，东海蓬莱仙岛上一座座金银筑成的楼台若隐若现，妙想天开间不觉吟诵出"登高望蓬瀛，想象金银台"的佳句。

到了近代，马克思在对人类货币演化规律认识基础上提出"金银天然不是货币，但货币天然是金银"的观点，对金银的贵金属特性高度认同。当人类第一次发现金银不仅可以成为商品，还可以用作一般等价物时，金银就实至名归地充当了货币。由黄金白银制作而成的器具物什也因精贵稀缺不断诱发着人类的想象力，并一步步沉淀为日常生活的高频用语和文学观照对象。"如果不从关于文明与传统的价值理论的角度去把握金，就不可能接近金问题的本质。"① 金银既是财富本身也是财富交换的媒介，连同那些曾经流通的海贝、鲸牙、瓷器……共同漫溢在金融故事的瀚海惊波中。

尽管以金银为主题的故事在具体情节呈现上千差万别，但从根本上来说，无论是传统典籍中讲述金刀、古镜、南柯等主题的金银故事还是现代金融体系中有关资金融通、市场定价、资源配置的金融故事，都溯源于金银光彩夺目的外观和实打实的通货功能。"经过精心打磨后，银器表面变得光洁，泛着均匀的光泽，这使银器更加令人垂涎。银器可以赋予其所有者地位，这时银的价值便从物品上转移到了人身上。我们珍视稀有物品，我们也珍视闪闪发光的物品。"② 因此，通过提炼金融叙事母题，有助于人类追寻不同时代金融故事的原型，挖掘隐藏在一切金融故事下面那个最基本、最基础的故事，进而通过

---

① 栗本慎一郎. 经济人类学［M］. 王名，等译. 北京：商务印书馆，1997：115.
② 舍恩. 白银与文明［M］. 张焕香，刘秀婕，韩菲，译. 杭州：浙江教育出版社，2023：138.

若干个基本叙事结构就可以覆盖所有的金融故事。

明末清初小说家褚人获在《坚瓠余集》卷二中引用《谢氏诗源》的记载：

薛琼家贫，苦无以养。有一老者以物与之，曰："此银实也，种之得赡汝亲。"琼如言种之。旬日发苗，又旬日生花，花如钿螺，又旬日结实，实如樱李。种而收，收而复种。一岁之间，所得银实无限。琼曰："真仙所赐，我岂可以自封！"凡有亲而不能养者，皆遍周之。

上述记载反映了中国古人对待金银的一种观念，他们相信银根如同植物的种子可以生长繁衍，进而实现财富的快速积累。实际上传统古籍中有很多关于银母、银树以及漱金鸟的传闻。东晋隐士王嘉在《拾遗记》中记载了一则关于漱金鸟的故事。

魏时，昆明国贡漱金鸟……吐金屑如粟，铸之可以为器……宫人争以鸟吐之金用饰钗珮，谓之辟寒金。

魏明帝曹睿时期，昆明国进贡了漱金鸟。这种鸟经常吐出米粒大小的金屑，可以用来铸造器物。宫人们争着用鸟吐出的金屑装饰钗和珮，称它为避寒金。

明朝崇祯年间官员陈良谟在《见闻记训·瓮中金银》转述了这样一则故事：

嘉兴有一贾人，积银数百两，贮以瓷瓮，以金钗耳股置其上，瘗地中。其子窥见，发之，瓮中惟清水耳。以手搅探之，无物，遂封盖如故。后父发瓮取银，其数不减，而次置搅乱。问其妻曰，吾置金钗在上，今何在下耶？子私言其故，众相骇异。

浙江嘉兴的一位商人积攒了数百两银子储存到瓷缸里，又在上面放置了金钗，埋在地下。这件事被他儿子发现后就将瓷缸挖出来，但是缸内只有清水，又用手去搅拌，也没发现什么，于是又将这个瓷缸掩埋起来。后来商人挖出来取钱，发现数量一点不少，只是金钗与银子的次序颠倒了，于是问他的妻子："原本金钗在上，现在却在下面，这是为什么呢？"他的儿子道明了原因，全家人都感到非常惊愕。

这则故事有点儿"私人财产神圣不可侵犯"的味道，传递了古人对待财富的一种观念，"君子爱财，取之有道""不义之财，非吾有也"。这种关涉金银的态度缘起于人类很早就对金银产生的价值认同，并附着上中华文化的"义利"精神，在社会历史演变中呈现出历时性、动态性发展，形成了许许多多以金银变化为核心母题而建构的故事，这些母题与其他母题再进行嫁接、融合，又产生了许许多多新的故事。

再来感触一下西方历史上海盗与金银的传奇故事。

尽管哥伦布晚年在无限的遗憾和悲凉中无奈地死去，失去了往昔的权力与地位，失去了远征新大陆归来时的无上荣耀，但是他发现新大陆后所带来的影响却不可估量。

自从欧洲人在加勒比地区探险之后，这里的黄金开始遭到疯狂的开采掠夺。在当时的欧洲，发财的梦想充斥着整个社会，失业者、流浪者、失意者纷纷踏上这片土地。结果却并不像他们预料的那样美好，权势者纷纷动用武力将黄金占据加以开采，留下的只是荒凉和无奈。这些怀揣发财梦的人不愿再流离失所，不愿再忍痛挨饿，别无选择之下，只能起来抢劫。

因此，加勒比是富贵的天堂，也是荒芜的地域；是海盗的天堂，也成为海盗永远难以割舍的地方。这里岛屿众多，树木繁盛，极其适合海盗们栖息驻留。当殖民统治者用皮鞭驱赶着一批批土著人挖掘一桶桶黄金白银的时候，拥有灵敏嗅觉的海盗早就在海上窥探已久。有时是在白天，公然将大炮对准了充满黄金的船只，并以迅雷不及掩耳之势将船上的货物劫掠殆尽。有时是在黑夜，借着海上明月的光辉将那些船只捕获，在面对面的肉搏战中，加勒比海盗显示出了他们的勇敢与勇猛①。

与世界各地的海上贸易线如影随形的海盗带来了各式各样惊心动魄的故事，这是金银母题与寻宝母题融合后带来的叙事结晶，不仅展现了海盗的刀光剑影，更揭示了人性深处的复杂与深邃。

从传统金银母题到现代金融母题的过渡中，虽然金融产品与交易流程愈来愈复杂，但是其内在精神以及金融想象构建却是一脉相通的。随着在国际经济秩序中金银母题的故事渐次铺开，行业理想流贯到千行百业与千家万户的柴米油盐中。

1907 年，纽约的一家著名金融机构尼克伯克信托银行，遭到储户挤兑，之后关门停业。之后，人们发现银行总裁查尔斯 T. 巴尔尼，居然还在西部铜矿上进行投机，这个消息让储户大为惊恐，争相从银行抽离资金。该银行的一位董事曾宣称："尼克伯克信托公司绝无可能重新开张。"之后该事件在

---

① 《书立方》编委会. 海盗传奇 [M]. 重庆：重庆出版社，2010：136-137.

纽约迅速传开。人们对银行的信心立刻瓦解，股市崩盘也迅即爆发。在该董事发表声明后不久，巴尔尼开枪自尽。他的几位储户也自杀身亡。整件事情，虽然很悲壮，但和 19 世纪的其他恐慌相比，并无区别①。

上述叙事反映了金融事件一旦广泛传播，公众心理也将随之发生急遽变化，每个裹挟其中的人都将会无可避免地受到影响。作为人类向前迈步不可或缺的服务行业与中间环节，金融的使命体现在资金筹集、资源配置、风险管理和支付结算方面的功能发挥，它是社会各种关系和要素的联结纽带，理当从根本意义上直接或间接解决民瘼疾苦，否则再炫酷的故事也只能在利益的追逐厮杀中走向穷途。

虽然资本与生俱来的污名以及层出不穷的金融乱象一直阻滞着金融叙事正本清源的步伐，但是讲好金融故事并非简单地批判市场的贪婪和资本的猖狂，而是要向读者、听者、观者揭示金融的价值与意义，展现金融与社会实况、精神生活的联系，将金融行业、金融机构、金融市场、金融人物放置在具体的历史和文化结构中，嵌合在宗教、制度、神话等一切社会行为和系统中。

想象力是讲好故事的必要条件，也是将灵感转化为创造力的源泉。"要传播并发挥想象的力量，没什么比叙事更有效，即撰写既贴切又有说服力的故事。这是激励那些在社会、政治和经济上与我们相互影响的群体的最佳方式，也是推进议程的

---

① 盖斯特. 华尔街投行百年史 [M]. 寇彻，任晨晨，译. 北京：机械工业出版社，2013：160.

最优选择。"①

这种想象以践行金融使命为根本依归。将金融想象力落实到叙事实践就是要深究金融与人类生存之间的关系，获悉金融参与者的行为方式以及深层心理特征，为芸芸众生提供金融理念与人文关怀，因此，金融叙事应当注重对人类生活史、心灵史的研究，揭示机构的专业实力、产品的结构组成、普惠金融的体验以及金融交易背后复杂的社会力量博弈与个体情感心路的关联。

想象力与民本情怀的交融要求金融故事的叙述者摒弃为市场提供连篇累牍专业概念的传统叙事方式，既要敢于面对资本对人类情感和生存意义的影响，也要推动以资本增值为轴心的叙事紧扣民生，转向可持续创造价值的叙事，让人类的所思所想、所忧所虑、所悲所喜与金融叙事相连，却又不沉沦于货币幻象。

## 下游突破

社会各行各业中，似乎还没有哪个行业能像金融行业这样在资源占有和分配方面具有得天独厚的优势，通过资本运作就可以控制大量的资源和财富。如果将金融机构比作处在食物链顶端的"上游方阵"，那么，受益于资金支持的实体企业与个

---

① 施瓦布，马勒雷. 大叙事：构建韧性、公平和可持续的社会 [M]. 世界经济论坛北京代表处，译. 北京：中信出版社，2022：106-107.

人则可以称之为"下游方阵"。长期以来的金融叙事总是将目光锁定在上游，注重对金融机构和金融业务的精研细琢，而忽视了对下游实体企业与个人的观察思考。

也许有人会说，讲好金融故事聚焦金融行业本身就行了，何须劳神费力地去寻找金融之外的素材呢？实际上，下游实体企业或个人受益金融的过程并不是"金融之外"的范畴。相反，这一过程正是金融力量的体现轨迹，是故事生产的重要源泉。

如果撇开下游实体企业和个人，只是一味地从金融机构本身出发来讲故事，一方面会导致许多金融概念反复出现在叙述中。这些抽象的产品名称和专业术语往往只是一种书面定义，并不能在日常生活中找到一个形象直观的物象来精确对应，故事的理解难度将大大增加。另一方面，现代金融业务的主体运行机制是西方设计的一套体系，业务开展过程中会涉及律师事务所、会计师事务所、评级机构等各式各样的服务机构，使用的主干知识大多集中在法学、财会等学科，精细化的流程管理以及千篇一律的产品逻辑割裂了物与人之间的温情交互，剩下的往往只是抽象概念、数据符号与人类单向度的财务诉求。

由此看来，"上游方阵"虽然从表面上实现了资金融通和金融输血，但是社会媒体或"上游方阵"的从业人员很少主动深入"下游方阵"的真实业务场景中捕捉细节幽微，或者关注点仅仅在于财务回报，久而久之造成了"各自为政"的状态。下游实体企业与个人宛若一座座固若金汤的城堡，封闭了与上游方阵在具象事务及人物活动方面的深层交流。

如果换一种思路呢？金融机构所投项目往往是关系民生倒悬的项目，是产生社会新闻与眼球热点的"富矿区"。既然金融机构可以用上游资金撬动下游业务发展，那么下游业务发展中闪现的有血有肉的情节也应当可以倒逼上游故事生产，从而实现金融故事扩容。

比如当我们提起北京冬奥会的时候，似乎很难与金融联系起来。但是如果深入冬奥会的现场仔细挖掘呢？虽然冬奥会展现给世人的场景主要是来自世界各地的冰雪健儿在赛场上奋力角逐，但是从场馆照明、冰面运维、雪道造雪，到电视转播、安保安检、后勤保障，每个环节的运行都离不开"绿电"的护航。

绚烂的灯火与"绿色冬奥"的理念交织激荡在每个人心中。我们是否可以灵光一现，构思出类似《践行"绿色投资"共赴"冰雪之约"：Z机构"点亮"北京冬奥会》这样的消息标题以及下面的文字呢？

举世瞩目的北京第二十四届冬季奥林匹克运动会于2022年2月4日开幕，并将于2月20日闭幕。Z机构投资标的公司生产的绿色电力循着铁塔银线输送到冬奥场馆，璀璨灯火点亮了北京夜空。

推进"绿电"使用，是加强生态文明建设、实现美丽中国目标的重要抓手。近年来，Z机构通过直接投资、股权计划、基金等多种方式向中国华电、华能集团、国家电投等能源企业提供资金，用于风电、光伏项目开发建设以及新能源业务开拓，将源源不断的"绿电"送入千家万户。

虽然 Z 机构投资标的公司生产的"绿电"只是北京冬奥会绿色电能来源的一部分，却与众多提供清洁能源的企业协同并进，形成合力，共同承担起冬奥会的全面电力保障工作，在响应国家清洁能源战略的征程中，真正实现绿色能源供得上、送得出、用得好①。

虽然 Z 机构并没有直接向冬奥场馆供电，但是却通过资金的作用间接推动电力供应。进一步想，如果再深入绿电生产企业挖掘更多五光十色的故事并以金融机构的视角进行叙述呢？更加絮然的内容也会在笔端汩汩而出。

我们来看一则通讯的节选部分。

海宴镇新的一天，被点亮了。

年末的阳光从苍苍苍的青山尖上转过来，敲碎了冷脆的空气，唤醒了早起的白鹭，一路铺到浩渺的滩涂上，一半是沉静的海水，一半是悦动的电流。

12 月 28 日，总投资约 22 亿元的广东台山海宴镇 500 兆瓦渔业光伏发电项目首期工程成功并网。这是粤港澳大湾区单体连片规模最大的渔光互补一体化项目。首期工程 200 兆瓦，由广州恒运集团与中国能建广东院共同投资建设。项目对浅海滩涂空间进行复合利用，"上可发电，下可养殖"，为大湾区再添绿色发展新动能②。

---

① 中国人寿资产管理. 践行"绿色投资" 共赴"冰雪之约"：国寿资产"点亮"北京冬奥会 [EB/OL]. (2022-02-18). http://3ijd.f2z.cn/LthUpv.
② 澎湃新闻. 在侨乡里种太阳！粤港澳大湾区单体连片最大渔光互补项目并网 [EB/OL]. （2021-12-28）［2025-05-20］. https://m.thepaper.cn/baijiahao_16054949.

　　这种叙事将自然风貌、项目建设与引资注能糅合为一个整体，将上游资金输送与下游实体产业有机串联，并深嵌在金融行业孜孜不倦的民本追求中。

　　如果一个金融机构没有流传自己的故事，这个机构就不会有真正的历史。讲好金融故事不能仅仅满足于基本信息的告知，更要对下游项目中人物活动、情感开合、社会价值进行深层次开掘，以便与普罗大众产生共鸣。因为金融行业的根本追求始终与资源的合理配置、社会的发展进步紧紧连接在一起。

　　作家李娟在《阿勒泰的角落》这本散文集中，叙述了对喀吾图银行的印象。

　　长达半年的冬天结束之后，我妈就开始做准备，要随北上的牧民进山了。在我们这里做生意的人，到了夏天，有许多都会开一个流动的杂货店跟着羊群走。在牧场上做生意利润很高的。我们也想那样做，但要准备够卖一整个夏天的商品的话，我们资金又不够。于是我妈把主意打到银行那里了，有一天她去贷款……

　　天啦，她是怎么把款贷到手的！要知道我们这个小银行的贷款似乎只有一种，就是春耕前的农业贷款。可是她不但不是农民，连本地人都算不上，我们来喀吾图开店才一年多时间。甚至连富蕴县人都算不上，虽然来到富蕴县快二十年了，仍没有当地户口……反正她后来就贷上了。

　　总不能因为大家都是邻居，抬头不见低头见，不好意思不贷给我们吧？

对了，别看这家银行一年到头都冷冷清清的，可是到了农业贷款发放那两天却热闹非凡。一大早银行还没开门，人们就在门口排队等待了。几百千米以外的老乡也赶来了（喀吾图乡地形狭长，东西不过几十千米，南北却长达几百千米），银行院子周围的木栅栏上系满了马。马路上也三三两两聚拢着人，热火朝天地谈论着有关贷款的话题。有趣的是，大概这种贷款在当地发放没两年的原因吧，当地人对"贷款"这一概念的认识模糊到居然以为那就是国家发给大家随便用的钱！哪怕家里明明不缺钱也要想法子贷回家放着。起码我们了解到的是这样的……

我妈问他们："难道不想还了吗？"

那人就很奇怪地回答："为什么不还？什么时候有了什么时候还嘛……"

这还不是最奇怪的，最奇怪的是我妈，她怎么贷上款的？

那天她去排了一上午的队，中午快吃饭时我去找她回家。穿过银行院子里热闹的人群，好容易挤进门去，一脚踏进去就傻眼了：黑压压一片人头……

银行屋里的情形是陷在地里半米深的，一进门就是台阶，所以我所站的门口位置是最高处。但居高临下扫视了半天，也认不出我妈究竟是哪个后脑勺。里面闹哄哄的，喊了好几嗓子，才看到她回过头来，高举着一个信封，努力地挤在人堆里，想要离开柜台。

那是我第一次瞧见银行内部的情形。很小很小，焊了铁栏杆的柜台外也就十来个平方的空地。红砖铺的地面，金灿灿的锡纸彩带编成一面天花板绷在上方，木头窗台刷了绿漆①。

上述文字平实质朴、耐人咀嚼，让人感受到去银行贷款过程中有血有肉的故事情节，让"金融味道"在事实与情感的迸发中"自然彰显"。这呈现的不是金融机构推进经济全球化的宏大叙事，而是苍生个体在金融传导链条上喜乐悲欢的故事。正是金融串联起个体柴米油盐的日常生活，使得每个人生命的价值与意义鲜活了起来。

## 民本之道

只要一谈到金融，人们习惯性地会想起钱，想到货币，这或许跟"金融"这个词最初留给人的刻板印象有关。姑且不论金融行业所从事的货币发行、流通回笼，存款贷款等经济活动，至少我在最早听闻金融这个词时，第一反应是"将金属熔化"，这不正是古人造币的场景吗？

正是由于货币、金钱、金融几个概念长期交混在一起，价值尺度便理所当然地成为货币乃至金融的首要职能，因为人们总是将货币视作衡量和表现其他商品价值的标准，在从原初实物货币向现代商业货币和信用货币的演化进程中，现代金融业也就顺理成章地成了可以衡量一切价值的领域，价值投资、价值判断、价值几何等一系列与价值相关的文辞语汇也理所当然

① 李娟. 阿勒泰的角落［M］. 第 2 版. 北京：新星出版社，2024：17-18.

地成了金融行业的词汇。

如前文所述，金融行业是位于食物链顶端的"上游方阵"，掌握着社会财富分配的顶级资源，但是其根本追求还是要落实到提升社会整体福祉中去。这必须在金融叙事理念中融合中国传统民本观念，强调富民、惠民。坚持固本首当富民，民富则安，民贫则乱，满足人民物质需要是人民得以生存的基础，也是社会稳定的前提。

关于民本之道，先哲们不乏闪光的论述。孟子认为："民之为道也，有恒产者有恒心，无恒产者无恒心。"① 意思就是说有固定产业的人会有稳定不变的思想，没有固定产业的就不会有稳定不变的思想。他认为利民方案包括："易其田畴，薄其税敛，民可使富也。"② 让百姓种好地，减轻他们的赋税，这样就可以使百姓富足。在财政的使用问题上，梁启超强调"凡赋税于民者，苟为民，做事虽多不怨……苟不为民，做事虽轻亦怨"。无论是孟子的"种好地，减赋税"，还是梁启超的财政"取之于民，用之于民"思想，都体现了对"人"的重视。

1899年，《万国公报》翻译英国社会学家颉德的著作《社会演化》时，第一章即说"民为邦本，古有明训，乃不能糊口者，偏屡见于民之中"，进而介绍西方为解决社会"不均"而奋斗革命的"百工领袖"马克思，并为马克思主义取了一个极具民本色彩的名字"安民之学"。这是译者立足中国传统民本观念对马克思的学说进行解读的结果，也可以说是马克思

---

① 孟子. 孟子［M］. 方勇，译注. 北京：中华书局，2010：90.
② 孟子. 孟子［M］. 方勇，译注. 北京：中华书局，2010：269.

主义与中国传统文化相融合的过程。

"安民"就是追求"民安"，也就是以民为本。如果金融业只奉行丛林法则，以邻为壑、弱肉强食，最终每个参与者都将受到伤害。为此，金融叙事必须回归民本理念，将金融为民的发展理念真真切切地落到实处，如水之仁，善利万物，提升社会的总体幸福感。

基于此，金融叙事应该拨开业务的表层帷幄，透过驳杂而繁复的金融现象，叩问其深层运作机理与制度文化传统及民生的关系，深入分析金融参与者的动机和行为特征，探究金融行业如何影响了人类文明的进程。我们一起读读下面这段文字。

1974年的饥荒中，穆菲亚差点饿死，她寄居栖身的地方也在1978年的一场暴风雨中被毁掉了。但是在1979年，她加入了格莱珉银行，借了500塔卡，重新开始了她的竹制品加工营生。当她偿还了首批贷款时，她感到自己得到了重生。1980年12月25日，她得到的第二批贷款是1500塔卡。虽然有时在竹制品销售淡季她会错过分期付款，但是在收割季节经济状况好转时，她总是能赶上来①。

这是一段让人感动的文字，没有华美的辞藻，却用实实在在的细节讲述了金融对生活的改善。在笔者看来，金融叙事中最妙曼、最深广的精神就是善意、和煦、宽厚和温藉，余下的不过是狂狷和半迷，叙述者内心一旦陷入"唯利是图"的魔道，就会品尝回旋的痛苦。金融叙事并非只能充斥冰冷的数字

---

① 尤努斯. 穷人的银行家 [M]. 吴士宏，译. 北京：生活·读书·新知三联书店，2006：67.

和概念，也应当怀揣民本之道，找寻那些隐藏在吃穿用度中的脉脉温情，因为所有人都想被这个世界温柔以待。

例如，曾经作为一般等价物的瓷器，在宋代可以用作借贷的抵押品和缴纳法庭罚金的"货币"。当我们在对瓷器进行叙事时，如果只是将其当成一种类似货币的一般等价物，那么眼及所见，心之所想都是利益、金钱、交易、盈亏……思维的屏障遮住了想象的空间。

当我们用超越价值尺度的民本眼光去看待它时，它就超越了货币的概念，并与鲜活的生命个体站在了同一阵列，它背后的历史背景与文化底蕴也如山风海雨迎面扑来，故事也顿时变得立体鲜活起来。

> 寻你千峰翠色
> 到白玉金边的小城
> 我在江南烟雨里轻启那扇门
> 窑坊中见你初妆的痕
>
> 素雪挽住青山
> 读瓷坯上留的纹
> 釉中吐花的年代
> 相逢又何必相问？
>
> 山水如从前
> 火光唤醒记忆的真
> 你变红了脸
> 是我要找的那个人

架一道彩虹

穿越千生万世来相认

说不清的结局

江海留下多少缘深

谁与谁曾相逢？

相逢又何必相问？

远行的渡口

思念化成船头风①

　　瓷器推动了经贸往来，加快了人际交往，注入了深情厚谊……不同区域的人们通过瓷器的生产、交换和流动获得经济利益并建立社会圈层，叙事也就如影相随。能充当货币的东西不仅仅有金银、瓷器以及海贝、鲸牙，还有羽毛、大米，甚至包括石头。"在 19 世纪 80 年代，美国贸易商大卫·奥基夫通过向雅浦人提供石币以换取可生产宝贵椰子油的椰干，建立起了一个贸易帝国。奥基夫先在中国买了一艘船，然后把一些雅浦岛民运到帛琉群岛去进口了数以千计的石盘。最终，他成为整个雅浦岛的债主，整座岛也到处充斥着这样的石头货币。"②

　　再来看看下面这首描写古代商船远航，开展进出口贸易的诗。

历史的天光

照亮嶙峋的铜山

---

① 该诗作者为笔者。

② 拉尼根，等. 商业起源：探寻货币、银行和金融的起源［M］. 王星星，译. 北京：中国科学技术出版社，2023：9.

澄明的幽蓝

倒映皓月的璀璨

海贝与琥珀

换回了万斛粟米

珠玉铺乐章

拨弹资本的风帆

我向往文明

似清纯的邻家女

向商船揖别

梦见金色的港湾①

万里贸易通海川，行也思君，坐也思君

---

① 该诗作者为笔者。

铜山、海贝、琥珀、粟米、珠玉……这些历史上曾经作为一般通货的商品此刻已经从孤立的金融概念演变为人与人交际的象征物，负载着温情、关怀、不舍、憧憬等足以浸透到我们心灵深处的惊艳。

由于人类的行为和决策总是沉浸在一系列想法观念构成的文化秩序中，关于金融行业的看法与观念也会深深影响人类的行为，这些行为在不同时间、空间和行为主体间的传递构成了金融活动的总体特征。但不可否认，由于受到各种具体文化规约的影响，人类的金融活动又呈现出千姿百态。

践行民本之道的金融叙事就是要与人类的心智模型、集体意识、非理性冲动、情绪启发形成深度关联。这并非要颠覆建立在理性基础上的金融学大厦，而是要超越价格机制统治的自由市场，"能够关注普通工薪阶层和中产阶级的利益，而不是富人的利益"①，把金融叙事作为一个至关重要的变量引入金融学的理论框架，从而增强金融学对现实的解释力。

许多人似乎都有这样一个信念，即企业的主要目标是服务股东价值，但是很少有人知道这种理念的深入人心其实是金融叙事的结果。"服务股东"理念在传播过程中离不开媒体报道、流行文化、投行记忆、高校教育、人际相传等多种叙事路径。于是，人们逐渐相信追求股东价值对于促进经济发展是至关重要的。

这只是金融叙事在推进某种理念上的胜利，某种程度上是

---

① 郭庚信.被扭曲的经济学［M］.张亚光，吕昊天，译.北京：中信出版社，2022：239.

在解释或说明一个社会、一个时期的公共信念，并引出人们的想法和情绪，潜移默化人类的经济和金融行为。换而言之，如果企业的主要目标不是"服务股东"而是"服务社会"呢？采取同样的叙事路径也会收到同样的效果，但将金融的使命与尊民、重民、安民、恤民的民本思想统合在了一起。

投资者会受到语言复杂性、结果的内外部原因、语气以及论述是笼统或是具体的影响，这些因素可能导致投资者解读出与叙事内容中所传达的不同含义①。公众对市场下跌的态度、对经济增长的信心、对技术替代的批判都可以从金融叙事中找到源头，也都可以反过来影响金融叙事。当然，对于新闻类金融叙事来说，应当规避带有诱导性的话语或者一些失之偏颇的理念，通过实事求是、不偏不倚的叙说为人类提供预测或者决策的信息资源；对于虚构类金融叙事来说，应当秉承道义与良知，通过生动的情节设计在潜移默化中告诉民众分辨理财产品的思路，识别资金底层逻辑的方法，引领社会善治。

## 历史的托举

如果没有 17 世纪荷兰郁金香交易的破灭，人们就不会亲身体验到疯狂投机带来空前的经济泡沫；如果没有 19 世纪美国分期付款购买缝纫机的创新实践，信贷消费就不会遍布全

---

① RILEY T J, LUIPPOLD B L. Managing investors' perceptionthrough strategic word choices in financial narratives ［J］. Journal of Corporate Accounting & Finance, 2015, 26 （5）: 57-62.

球。"正是因为有了强大的筹款能力，英国才能够建设起世界上首屈一指的海军力量，能够与法国这个欧洲大国硬拼到底，能够最终在与拿破仑的痛苦厮杀中获胜。"① 抽象的专业语汇、复杂的金融工序一旦融入特定的历史时空就会瞬间变得柔软美好，仿佛历史脉络的映衬可以让金融发展的步履印痕刻进人类的心灵深处。

"如果一个人不掌握历史事实，不具备适当的历史感或所谓历史经验，他就不可能指望理解任何时代的经济现象。"② 经济学家熊彼特一直倡导运用经济史分析方法解剖金融问题，"历史的叙述不可能是纯经济的，它必然要反映那些不属于纯经济的'制度方面的'事实：因此历史提供了最好的方法让我们了解经济与非经济的事实是怎样联系在一起的，以及各种社会科学应该怎样联系在一起"③。

金融的内在运作机制与宏观政治经济背景有怎样的关联？关键人物和事件如何左右金融系统或金融工具的发展进程？一系列追问都在历史中铺陈开来。或许可以这样说，人类对金融活动的认知与把握水乳交融地蕴含在对金融现象背后故事的呈现中。

纪录片《华尔街》为了提供反思世界经济危机的影像故

---

① 田渊直也. 利息的故事：利率背后的金融世界 [M]. 北京：机械工业出版社，2024：14.
② 熊彼特. 经济分析史：第 1 卷 [M]. 朱泱，等译. 北京：商务印书馆，1991：29.
③ 熊彼特. 经济分析史：第 1 卷 [M]. 朱泱，等译. 北京：商务印书馆，1991：29.

事，特地在人类的生活实况中融进了历史陈述，希望用"历史厚重"托起"金融底蕴"。在第一集"资本无眠"中，一开始就出现了美国好莱坞导演奥利弗·斯通拍摄电影《华尔街：金钱永不眠》的现场，引出华尔街为什么成为左右世界经济的中心。这部电影在宏观介绍了华尔街的地理位置和社会影响力之后，由一段同期声切入了股票交易员斯科特在上班途中打电话询问股市讯息的镜头。

解说词：斯科特每天都要乘坐最早的一班轮渡，从新泽西州到位于曼哈顿岛的华尔街去上班。

随着斯科特的脚步，观者自然地跟着镜头走进了这条只有500 米长，但影响着全球资本市场和全球经济的华尔街。

解说词：现在的华尔街已经进入无眠时代，互联网的广泛运用，将世界各地的资本市场编织在一起，成为一张笼罩全球的资本之网，位于网中央的就是华尔街。

纪录片本身就有故事属性，或者说纪录片本身表现的就是故事[①]。纪录片《华尔街》将镜头最大限度地聚焦滚滚向前的金融历史流变，呈现具体的事件、人物、场景和无数鲜活而生动的细节，在视觉上直逼感官，尽力实现一种贴近效果，不仅展现了金融与人类生活密不可分的关系，也体现了金融在塑造人与人关系中的巨大力量，将金融初心、资本使命与个体追求共同弥融在历史的华筵之上。让我们再来看一则笔者所写的关于中国保险机构投资理念的叙事。

---

① 伯纳德. 纪录片也要讲故事［M］. 孙红云，译. 北京：世界图书出版公司，2011：32.

40多年前，中国改革开放刚刚拉开幕布，中国保险业蓄势待发，扮演了改革有力支持者的角色，中国金融的规模、结构、竞争力开始发生深刻变化，这是一个崭新的历史时期，天安门广场附近的西交民巷，中国保险业最早的办公楼就屹立在那里……

大概16世纪开始，西方人漂洋过海来到东方进行远洋贸易，资本的流通范围开始扩大，商品种类、数量和贸易额迅速增加，地中海文明孵育的共赢进取的经营理念和贸易习惯在一单单交易合作中落地生根，深深影响了中国人。

这虽然只是现代商业文明的一个源头，但日益繁荣的商贸活动确实曾经给中国这个数千年依靠农耕文明立身的国家带来了新的视野，逐步改变了人们对商业和经济的认知，东西方的文化和思想在这个历史时期发生了深刻的碰撞。

20世纪80年代初，从"春雷"中苏醒的中国人渐渐发现传统的银行储蓄只是投资的手段之一，相继涌现的国债、股票、基金等新型金融产品都可以作为投资工具。这些西方舶来的投资理念与东方人的投资实践交织在一起，衍生出具有中国特色的投资理念萌芽。

投资是一门迷人的艺术。长期信奉价值投资的"股神"巴菲特说："一定要在自己的理解力允许的范围内投资。"投资重心既可以放在优质公司追逐方面，也可以放在风险控制方面，还可以放在对社会产生影响力方面……

各有侧重的投资理念从西方舶来本土，在改革开放后第一次和中国的商业理念、思维方式进行碰撞，把中西方隔绝多年

的观念堆在一起回炉重新打造，奠定了中国现代投资业最初的
基石，也是 1978 年以后中国保险机构投资理念的来源……

　　这是一种深嵌在历史-文化结构中的金融叙事，旨在追溯
中国金融机构投资理念的源头。如果用专业术语来表达，无非
就是价值投资、长期投资、稳健投资等甚嚣尘上的概念，社会
公众也未必能够完全清晰。我们如果将金融机构放置在改革开
放之后那段特定历史时空下进行解读，并联通东西方商贸理念
的发轫与演化，就可以对投资理念的前世今生进行梳理，这种
叙事就具备了深度与广度。

　　由此可见，金融叙事如果混合交融了人类心理的、情感
的、伦理的能量，并在历史的脉络中铺展开来，就能孵化出内
容广博而又思想深邃的故事。在 20 世纪 30 年代的美国大萧条
中，失业如同飓风一般瞬间席卷了美洲大陆。极度绝望中的美
国政府转向了罗斯福新政，并运用凯恩斯主义对自由市场机制
进行调控。媒体上关于生产萎靡、财富缩水的经济叙事铺天盖
地传播开来，并深深刻印在人们的脑海中。

　　每隔 10 分钟，墙角的股票纸带机就会缓缓打出交易大厅
精选个股的名单，经纪人的办事员一把抓住那条纸带，抄起剪
刀剪下一条，扯开嗓子读出指数，单调的声音不动声色，旁边
留神倾听的人吓得脸色惨白，屋子里早就座无虚席，连角落里
也站满了人。他高声朗读的股价要比之前记录的低了 10 美元、
12 美元，甚至几十美元。那些没在名单上的股票究竟怎么样？
我们真的没办法知道。由于全国各地都在打电话向纽约证交所
询问情况、下订单，电话线已经爆满。

……

即使他们下单买进或卖出股票，也不可能知道后事如何。交易所记录实时股价和联系订单的系统无法应对这种紧急情况，令人大失所望，引发了恐慌情绪的蔓延①。

那些讲述大萧条艰难局面的叙事，比如有人在凌晨 3 点从垃圾桶里捡东西吃，也许影响了人们在大萧条期间所做的决策。也有可能这个决策是基于那些忧心忡忡的专家给人的印象，实际上人们并不认识这些专家，但这些专家让人觉得也许有理由担心这将是一次长期经济衰退并会造成严重后果②。到了 2008 年，美国房地产泡沫引发了漫溢全球的金融危机，"在这个充满欲望的历史时期，人们沉迷在房价不断上涨以及一夜暴富的故事中，无法自拔，理智全无"③。很多美国人都想预判未来会发生什么，人们想起了 70 多年前经济大萧条中生活困顿的叙事，批量失业、银行倒闭、经济乏力……历史的渲染作用往往可以作用于人的心灵深处。

埃文斯先生于 1986 年在纽约市举办的一场拍卖会上以25 000 美元购得此房，当时纽约市因前屋主拖欠房地产税而将其收回。那时他住在距此房五个街区远的地方。他对整栋建筑进行了翻新，多数工作由他自己完成。从 20 世纪 90 年代初起，他共向同一家贷款机构申请了三次次级贷款，以资助翻新

---

① 艾伦. 仅仅是昨天：从大繁荣到大萧条 [M]. 孟洁冰，译. 北京：法律出版社，2011：245.

② 希勒. 叙事经济学 [M]. 陆殷莉，译. 北京：中信出版社，2020：93.

③ 希勒. 叙事经济学 [M]. 陆殷莉，译. 北京：中信出版社，2020：223.

工程，并在附近开一家酒类商店，都是贷款机构代表上门拜访后谈成的。利率持续攀升，最后一笔贷款仅需支付利息，贷款机构代表说服他在高额还款开始前其生意能够盈利。

到 2008 年，他欠这家次级贷款机构 375 000 美元。他从2010 年开始拖欠还款；他的妻子曾是一名护士，在 2011 年去世前几年一直患病且未工作；酒类商店和位于房屋一层的五金店都未盈利；他的租户也未定期支付租金。他试图重新融资以降低每月还款额，但那时信贷已枯竭，他的贷款有提前还款罚款，而且他的信用评分极差。风险在他身上全方位累积。如今，他正在抵挡贷款机构的来电，并期望自己能有资格通过联邦政府为面临房屋被收回困境的房主提供的救助计划获得支持①。

次贷危机虽然让美国民众陷入了困境，但是与 20 世纪 30年代的经济危机相比，解决方案与手段也随之增多。从上面的叙事中也可以看到，从咨询指导到信用修复、抵押贷款修改或破产，一定程度上民众也增强了面对危机的心理承受能力。

这次金融危机也给英国的金融机构带来了巨大的流动性压力，并与 19 世纪英国银行挤兑的历史叙事发生了激烈碰撞。"2007 年的北岩银行挤兑是 1866 年以来英国出现的第一起银行挤兑，人们一下子回忆起了从前那些有关恐慌储户和银行紧闭的大门之外愤怒人群的叙事。这一挤兑故事引发了国际上的

---

① BOTEIN H. From Redlining to subprime lending: how neighborhood narrativesmask financial distress in bedford－stuyvesant, brooklyn ［J］. Housing Policy Debate, 2013, 23（4）: 729.

紧张局势，以及一年后发生在美国的华盛顿互助银行挤兑事件，接着又在几天之后引发了主要储备基金挤兑事件。这些事件导致美国政府不合常规地为美国货币市场基金提供了为期一年的担保。很显然，各国政府都意识到，它们不能任由过去的银行挤兑故事加剧公众的焦虑。"①

经济学一定程度上是一种社会史。尽管有人认为经济学家是社会学中的物理学家，但经济学家还是在回首过去时做得最好，就像古生物学家、地质学家或者历史学家那样②。金融叙事中的历史烘托为机构与个体的审时度势植入了特定的理解框架，并用这种历史情景再现去判断问题，为人类思考提供了贯通过去和未来的通道。

再来看看美国畅销小说家约翰·坎普在20世纪80年代发表在《圣保罗先驱报》上的荣获普利策新闻奖的一组特稿《土地上的生活：一个美国农场家庭》。我们节选其中三篇的某些语段，感受一下1984年经济萧条影响下整个美国农场的经营惨状。

土地多当然好，但负债的阴影却会令人倍感压抑。到目前为止，本森家还没有欠过债——他们甚至不需要春耕贷款。依靠粮食销售，修理汽车和萨莉—安妮的工作收入，他们完全可以自给自足。他们为自己的生存能力感到自豪，但看到邻居们遭受损失，他们没有丝毫胜利的喜悦。

---

①　希勒. 叙事经济学［M］. 陆殷莉，译. 北京：中信出版社，2020：137.
②　麦克洛斯基. 经济学的叙事［M］. 马俊杰，译. 桂林：广西师范大学出版社，2023：41.

他们反而有一种失落感。随着他们居住的社区的消散，本森家的农场也将会逐渐衰落……

"我不知道，"戴维说，"或许我们需要某种像家庭财产抵押一样灵活的财政政策。分期付款的方式可以为新人提供创业机会，他们可以直接迁入农舍，接管农场，并使农场按应有的方式发展。"

"万一他们失败了呢？当然这也是个问题。但至少我们为此努力过。如果我们不做出努力，这块地只能荒废掉。"

他们心里涌起强烈的感情，但这种肃穆的气氛不会在本森家持续太久①。

(1985 年 5 月 12 日)

"过几天如果雨停了，豆子干了就可以收割了。"本森说，"我可以割下来一些磨碎，然后直接使用，但我不会贮藏，今年玉米的价格不高，一两场暴风雪不会毁掉它。但豆子就不一定了，它能伤透你的心。"

前一天晚上，本森站在 60 英亩豆地边，像在数什么。

"我们可以，嗯，每亩收割 30 蒲式耳，或许还能多些。今年豆子长势不错，不是吗？即使价格保持现有水平不变，按一英亩地 150 美元算合起来就是 9 000 美元。万一下场暴风雪或场雨雪我们就会颗粒无收。现在已近年底，下雪的可能性很大。万一下雨，伙计，我们就惨了。"

有时天气干燥时本森想趁机收割但还没等到打捆雨又下起

---

① 加洛克. 普利策新闻奖：特稿卷［M］. 北京：新华出版社，1999：243.

来了。一下雨，就全泡汤了。就是一堆烂泥，本森说①。

（1985 年 10 月 20 日）

"你知道，银行不会这样做的——开办银行就是为了尽可能地赚钱。多年以来老农们依靠土地幸福地生活着，如今他们老了，或许会自愿在卖地时少赚些钱。这是我们唯一的希望。此时我们只能依赖利他主义者来帮我们一把，别无他法。"

"当你被金融体制逼得没有退路时，你必然会采取极端措施以自救，"戴维·本森说，"你会把一些好习惯抛诸脑后——节水建筑，资源保护等。为了偿付债务你必须想方设法从土地上赚取最大利润。"

"你会在土地上大量使用农药和化肥，长远看来，这种做法非常糟糕。土壤在化肥的渗透下肥沃起来，而不是自然而然地肥田。这样只会有害无益。你会快速犁地以节省燃料——而且你不会放过每一寸土地，时间一长，地力将被耗尽。"

"这就是当前的财政体制所鼓励的行为。它使我们采用近视的眼光处理问题。这种后果是可怕的。农村人口越来越少，没法赢利的人们被迫离开。他们失去了一切——农场、邻居，既存的生活方式与文明的生存。"②

（1985 年 12 月 8 日）

作者穿越历史时空的长廊，通过对明尼苏达州一户农场工人的走访，着力描写美国 20 世纪 30 年代以来最严重的农业危

---

① 加洛克. 普利策新闻奖：特稿卷 [M]. 北京：新华出版社，1999：263.
② 加洛克. 普利策新闻奖：特稿卷 [M]. 北京：新华出版社，1999：274.

机对农场家庭日常工作与生活的影响，并落实到农场家庭春耕秋收的细节幽微中，表现工人们对未来的迷茫、愤懑和无奈，展现了普通人在经济大潮之下的命运和生存状态。

一个辄忘历史的国度是没有未来的，一个轻视历史的企业也是不会长久的。当前许多金融机构矢志打造百年基业和百年老店，更需要在金融叙事中将具体业务放置在商业文明的历史长河中进行审度，让业务的延展性交融人的精神与行动，贯通文明的来路与归途。

# 参考文献

艾略特, 2018. 弗洛斯河上的磨坊 [M]. 伍厚恺, 译. 成都: 四川文艺出版社: 288.

阿姆斯特朗, 2013. 神的历史 [M]. 蔡昌雄, 译. 海口: 海南出版社: 11.

艾伦, 2011. 仅仅是昨天: 从大繁荣到大萧条 [M]. 孟洁冰, 译. 北京: 法律出版社: 245.

贝克, 2011. 金融的困境 [M]. 李凤, 译. 北京: 中信出版社: 16.

贝克, 2004. 戏剧技巧 [M]. 余上沅, 译. 北京: 中国戏剧出版社: 189.

伯纳德, 2011. 纪录片也要讲故事 [M]. 孙红云, 译. 北京: 世界图书出版公司: 32.

曹雪芹, 高鹗, 1964. 红楼梦 [M]. 3 版. 北京: 人民文学出版社: 612.

查特曼, 2013. 故事与话语: 小说和电影的叙事结构 [M]. 徐强, 译. 北京: 中国人民大学出版社: 143.

陈力丹, 王权, 2010. 保密法二审草案与人民的知情权 [J].

新闻爱好者（5）：12.

陈一夫，2008. 做赔 [M]. 沈阳：春风文艺出版社：88.

德莱塞，2016. 金融街 [M]. 裘柱常，译. 广州：花城出版社：207.

方以智，1990. 通雅 [M]. 北京：中国书店出版社：21.

冯慧娟，2018. 诗经 [M]. 沈阳：辽宁美术出版社：39，84.

傅延修，2015. 中国叙事学 [M]. 北京：北京大学出版社：5.

高华声，张宇虹，2021. 看电影学金融 [M]. 上海：格致出版社，上海人民出版社：43.

郭绍虞，1984. 中国历代文论选：第一册 [M]. 上海：上海古籍出版社：158.

郭志新，2020. 股市新闻分析法：职业操盘的杀手铜 [M]. 北京：地震出版社：49.

郭庚信，2022. 被扭曲的经济学 [M]. 张亚光，吕昊天，译. 北京：中信出版社：239.

宫平，2016. 金融圈 [M]. 武汉：长江文艺出版社：40.

哈特，2012. 故事技巧：叙事性非虚构文学写作指南 [M]. 叶青，曾轶峰，译. 北京：中国人民大学出版社：33.

黑克，2016. 利益法学 [M]. 傅广宇，译. 北京：商务印书馆：17-18.

加洛克，1999. 普利策新闻奖：特稿卷 [M]. 北京：新华出版社：243，263，274.

柯兹纳，2010. 米塞斯评传：其人及其经济学 [M]. 朱海就，译. 上海：上海译文出版社：66.

克劳士比，2009. 人类能源史：危机与希望［M］. 王正林，王权，译. 北京：中国青年出版社：99.

库珀，2001. 行政伦理学：实现行政责任的途径［M］. 张秀琴，译. 北京：中国人民大学出版社：120.

赫拉利，2014. 人类简史：从动物到上帝［M］. 林俊宏，译. 北京：中信出版社.

拉尼根等，2023. 商业起源：探寻货币、银行和金融的起源［M］. 王星星，译. 北京：中国科学技术出版社：9.

黎靖德，1986. 朱子语类：卷15［M］. 北京：中华书局：283.

李娟，2024. 阿勒泰的角落［M］. 2版. 北京：新星出版社：17-18.

里夫金，2022. 韧性时代：重新思考人类的发展和进化［M］. 郑挺颖，阮南捷，译. 北京：中信出版社：34-35.

里士多德，1997. 诗学［M］. 陈中梅，译注. 北京：商务印书馆：42.

梁启超，2015. 中国历史研究法补编［M］. 北京：中华书局：64-65.

林伯强，黄光晓，2011. 能源金融［M］. 北京：清华大学出版社：49.

刘大櫆，1959. 论文偶记［M］. 北京：人民文学出版社：6.

刘勰，2018. 文心雕龙［M］. 东篱子，编译. 北京：中国纺织出版社：299.

刘佳，2024-05-13. 金融数据正在"挤水分"？禁止手工补息影响M1及M2增速［N］. 华夏时报.

栗本慎一郎，1997. 经济人类学［M］. 王名等，译. 北京：商务印书馆：115.

鲁迅，2014. 中国小说史略［M］. 长沙：湖南大学出版社：72.

吕吉尔，2014. 美国第一次能源转型的故事［J］. 世界科学（7）：48-49.

麦克洛斯基，2023. 经济学的叙事［M］. 马俊杰，译. 桂林：广西师范大学出版社：37，41，185，193.

麦克洛斯基，2023. 经济学的修辞［M］. 马俊杰，译. 桂林：广西师范大学出版社：58.

马克思，恩格斯，1995. 马克思恩格斯选集：第1卷［M］. 北京：人民出版社：60.

马克思，恩格斯，1972. 马克思恩格斯全集：第3卷［M］. 北京：人民出版社：525.

马克思，恩格斯，1995. 马克思恩格斯全集：第21卷［M］. 北京：人民出版社：106.

马克思，恩格斯，1972. 马克思恩格斯选集：第2卷［M］. 北京：人民出版社：29.

马克思，恩格斯，2009. 马克思恩格斯文集：第1卷［M］. 北京：人民出版社：158-159.

曼彻斯特，2004. 光荣与梦想：1932—1972年美国实录［M］. 海口：海南出版社，三环出版社：50-51.

茅盾，1978. 中国神话研究初探［M］//茅盾评论文集（下）. 北京：人民文学出版社：242.

墨翟，2017. 墨子［M］. 焦帅评，译. 北京：北京联合出版公司：60.

孟子，2010. 孟子［M］. 方勇，译注. 北京：中华书局：49，90，269.

佩普，费瑟斯通，2011. 特稿写作：从入门到精通［M］. 周黎明，译. 北京：中国人民大学出版社：153.

澎湃新闻，2021. 在侨乡里种太阳！粤港澳大湾区单体连片最大渔光互补项目并网［EB/OL］.（2021-12-28）［2025-05-20］. https://m.thepaper.cn/baijiahao_16054949.

秦文彩，孙柏昌等，2003. 中国海：世纪之旅——中国海洋石油工业发展纪实［M］. 北京：新华出版社：20.

青泽，2017. 澄明之境：青泽谈投资之道［M］. 北京：北京联合出版公司：1.

奇波拉，1988. 欧洲经济史：第二卷［M］. 贝里，张菁，译. 北京：商务印书馆：454.

赛比耶-洛佩兹，2008. 石油地缘政治［M］. 潘革平，译. 北京：社会科学文献出版社：28.

邵轩岚，2022. 专访任泽平：经济形势不简单是一个冷冰冰的枯燥数据［J］. 中国房地产金融（12）：12.

舍恩，2023. 白银与文明［M］. 张焕香，刘秀婕，韩菲，译. 杭州：浙江教育出版社：138.

施瓦布，马勒雷，2022. 大叙事：构建韧性、公平和可持续的社会［M］. 世界经济论坛北京代表处，译. 北京：中信出版社：106-107.

斯科尔斯，费伦，罗伯特·凯洛格，2015. 叙事的本质［M］.
　于雷，译. 南京：南京大学出版社：58，280.

斯托加茨，2021. 微积分的力量［M］. 任烨，译. 北京：中信
　出版社：22.

宋应星，2017. 天工开物［M］. 胡志泉，注. 北京：北京联合
　出版公司：16.

索尔金，2010. 大而不倒［M］. 巴曙松等，译. 北京：中国人
　民大学出版社：4.

谭君强，2002. 叙事理论与审美文化［M］. 北京：中国社会科
　学出版社：49.

唐岱，2012. 绘事发微［M］. 周远斌，注释. 济南：山东画报
　出版社：68.

田渊直也，2024. 利息的故事：利率背后的金融世界［M］. 北
　京：机械工业出版社：14.

特纳，2006. 象征之林：恩登布人仪式散论［M］. 赵玉燕，
　译. 北京：商务印书馆：19.

维兰德，2024. 故事的节奏［M］. 陆晓月，译. 北京：北京时
　代华文书局：71.

王阳明，2007. 传习录［M］. 王学典，编译. 北京：蓝天出版
　社：322.

西蒙斯，2006. 沙漠黄昏：即将来临的沙特石油危机与世界经
　济［M］. 徐小杰，主译. 上海：华东师范大学出版社：50.

希勒，2020. 叙事经济学［M］. 陆殷莉，译. 北京：中信出版
　社：36，93，137，223.

西费尔，2024. 叙事本能：大脑为什么爱编故事［M］. 李寒笑，译. 北京：北京联合出版公司：63，100.

萧统，1994. 文选全译［M］. 张启成等，译注. 贵阳：贵州人民出版社：3675.

徐岱，1992. 小说叙事学［M］. 北京：中国社会科学出版社：61.

孙思邈，2015. 备急千金方［M］. 北京：人民卫生出版社.

《书立方》编委会，2010. 海盗传奇［M］. 重庆：重庆出版社：136-137.

尤努斯，2006. 穷人的银行家［M］. 吴士宏，译. 北京：生活·读书·新知三联书店：34，67.

熊彼特，1991. 经济分析史：第1卷［M］. 朱泱等，译. 北京：商务印书馆：29.

新华社新闻研究所编，1990. 新华社好稿选1987［M］. 北京：新华出版社：200-202.

叶舒宪，2011. 神话：原型批评［M］. 西安：陕西师范大学出版总社有限公司：8.

张庚，郭汉城，1980. 中国戏曲通史（上）［M］. 北京：中国戏剧出版社：77.

张岱，2017. 陶庵梦忆［M］. 胡志泉，注. 北京：北京联合出版公司：46.

章学诚，仓修良，2005. 文史通义新编新注［M］. 杭州：浙江古籍出版社：767.

赵钧海，2012. 准噶尔之书［M］. 乌鲁木齐：新疆人民出版社：25-26，64-66.

周梅森，2021. 人民的财产［M］. 北京：作家出版社：127.

朱光潜，2004. 谈美书简［M］. 北京：北京出版社：63-64.

朱熹，2006. 四书章句集注（上）［M］. 上海：上海古籍出版社：6.

中国人寿资产管理. 践行"绿色投资"共赴"冰雪之约"：国寿资产"点亮"北京冬奥会［EB/OL］.（2022-02-18）. https://3ijd.f2z.cn/LthUpv.

ADORISIO A L M, 2015. A narrative lens for financial communication: taking the "linguistic turn"［J］. Studies in Communication Sciences, 15（1）：80.

BENJAMIN J, 2010. The narratives of financial law［J］. Oxford Journal of Legal Studies, 30（4）：796.

BOTEIN H, 2013. From redlining to subprime lending: how neighborhood narratives mask financial distress in bedford-stuyvesant, brooklyn［J］. Housing Policy Debate, 23（4）：729.

CHONG K, et al., 2014. Constructing conviction through action and narrative: how money managers manage uncertainty and the consequence for financial market functioning［J］. Socio-Economic Review（5）：14.

COLELLA S, 2019. Speculation and social progress: financial and narrative bubbles in charles lever's davenport dunn［J］. Estudios Irlandeses, 14（14）：13.

DAWSON P, FARMER J, THOMSON E, 2011. The power of stories to persuade: the storying of midwives and the financial narratives of central policy makers [J]. Journal of Management & Organization: 149.

FRY A, WILSON J, OVERBY C, 2013. Teaching the design of narrative visualization for financial literacy [J]. Art, Design & Communication in Higher Education, 12 (2): 174.

GILLIAM D A, PRESTON T, 2017. Frameworks for consumers' narratives in a changing marketplace Banking and the financial crisis [J]. Marketing Intelligence & Planning, 35 (7): 892-906.

HANSEN P H, 2014. From finance capitalism to financialization: a cultural and narrative perspective on 150 years of financial history [J]. Enterprise and Society (11): 608.

JOHNSON S G B, TUCKETT D, 2022. Narrative expectations in financial forecasting [J]. Journal of Behavioral Decision Making, 35 (1): 1-16.

LENTON T, PICHLER P, WEISZ H, 2016. Revolutions in energy input and material cycling in earth history and human history [J]. Earth System Dynamics, 7 (2): 353-370.

LUSARDI A, SAMEK A S, KAPTEYN A, et al., 2014. Visual tools and narratives: new ways to improve financial literacy [R]. Washington, DC: Global Financial Literacy Excellence Center: 32.

MURTHY V, GUTHRIE J, 2012. Management control of work-life

balance: a narrative study of an Australian financial institution [J]. Journal of Human Resource Costing & Accounting, 16 (4): 276.

MCBETH M K, TOKLE R T, SCHAEFER S, 2017. Media narratives versus evidence in economic policy making: the 2008-2009 financial crisis [J]. Social Science Quarterly, 99 (2): 1-16.

NOBLE A, JONES C, 2005. Benefits of narrative therapy: holistic interventions at the end of life [J]. British Journal of Nursing, 14 (6): 332.

RILEY T J, LUIPPOLD B L, 2015. Managing investors' perception through strategic word choices in financial narratives [J]. Journal of Corporate Accounting & Finance, 26 (5): 57-62.

SEN A, 1999. Development as freedom [M]. Oxford: Oxford University Press: 76-77.

# 附录
# 非虚构写作评介

如果说本书前面七章内容主要从理念层面对"讲好金融故事"进行了追根溯源，在分析金融叙事特点、症结以及解决路径基础上，尝试提出了"人文金融叙事观"，那么附录部分则是笔者从近年来撰写的能源、金融等纪实作品中去伪存真，遴选而出的一些相对能够聊以慰藉的文字。

这些文章虽然在叙事的理念、方法上还存在较多欠缺，更谈不上有多少真知灼见，但却是业余时间一字一句下功夫推敲出来的。天下莫大于秋毫之末而泰山为小，谨将此残文陋作当成秋毫之末敬呈方家，冀盼与同道中人一起抽出闲暇时间把玩、批驳，或许可以从中体味到一些叙事的人文理念与写作技法。

叙事理念说一千道一万，归根结底还是要靠实践来检验。术之不附，道将焉存？这些文章大多为公开发表过的纪实作品，既包含金融类作品，也涉及能源类作品，看起来像个"大杂烩"。不过，从笔者的读写经验来看，能源叙事的宏大精微和深情厚谊确确实实能够补益金融叙事的枯涩与荒凉。

因此取二者之精华，融会贯通，自成一体，必然可以为金融行业叙事提供一些真真切切的思考与借鉴。因为叙事原理与方法是可以跨界相通的，行业之间不应自筑高墙，闭锁边界，而应当处在一个互联互通的场域中，不拘泥于叙述对象属于哪个范畴，而着眼于加强叙述者自身的内功修炼，方能在瞬息万变的时代，以不变应万变。

限于作品篇幅，附录部分只是节选了每篇作品的一部分。其中，《爱驰山岳》讲述了一家金融机构的扶贫故事；《大地金声》讲述了一家金融机构在投资基础设施项目时展现的专业而严谨的合作精神；《桩腿浮城》讲述了一群海洋石油工人远离亲人，在疯狂的台风面前同心协力，用生命守护海上浮城的场景；《风雨行舟》讲述了一艘海上旧船在英雄般的船员们的召唤下，焕发老骥伏枥的勃勃生机，创下多个历史荣光；《渔舟夜过海》描写了笔者亲身渡南海的焦虑、惶惑以及云开月明的经历；《炊烟散去农舍新》以小见大，以点带面，通过一户农家使用液化天然气的场景来窥探新能源如何给人间披上了绿装；《冷荔香中说冷能》讲述了荔枝这种高度依赖冷链运输的水果，如何快速进入冷库又迅速售卖到祖国各地，反映出冷能应用的重要价值。

上述作品都是笔者多年写作实践中的涓滴溪流，或许可以提供一个叙事方向、一份写作参照、一种心灵体验。请读者们姑且一观，聊胜于无。

# 一家金融机构的扶贫故事——《爱驰山岳》

## （一）

这是 Y 女士扎根丹江口的第四个年头，开着从北京"牵"来的"坐骑"，行驶在弯弯曲曲的楚山云水间开拓扶贫事业，很容易触景生情，回忆也渐渐多了起来。（寥寥数语将北京大都市与乡村山野进行了对比，让人联想到汽车在乡间小路上颠簸的样子，画面感就浮现出来了）

老家在广东湛江，少年时爱在海边沙滩上拾贝、斜阳下听夜莺絮语，螺岗岭吃甜荔枝……一幕一幕融进了她的骨子里，以后到北京读书工作多年，心底总默念着天蓝蓝、水蓝蓝的儿时梦影，那是初心开始的地方，说起来丹江口也是天蓝水绿山青，该是一个梦圆的好地方啊。（触景生情后回忆起成长经历中的几幕场景，为后面深入山乡扶贫埋下信念的种子）

几年来，作为丹江口市副市长，她走遍了丹江口的沟沟壑壑，走进一座座移民村落和一个个移民家庭，与他们问生活、拉家常，把了解到的问题记在小本上，融到工作思路和执行中，但她还觉得走访不够，又把去过的地方重新走了一遍。她总说自己有多重身份，其中之一就是作为挂职干部，一定要不辱使命，拼力付出，将公司的期望、自身的责任与这片土地的未来发展紧紧关联在一起，就像是绿叶对根的情意。（画面镜头开始聚焦扶贫点的日常点滴，围绕一个"走"字拎出一个总纲，具体怎么走的内容在后文再进行开枝散叶）

"走"是一种精神，是朝着梦想进发的姿态。就像当年她从岭南一路北上求学一样，而今只身南下，愿做背依青山，面朝河汉的临江楚客，历史的因缘在这里际会，她要把汗水与智慧注入这片生机勃发的土地，让盈盈一水间的广袤山乡升起希望。（以散文笔法解释"走"的精神意涵，同时对作者的人生轨迹进行勾勒，需要注意的是，此处文气正在逐渐充沛，最忌用词干涩，也忌过分渲染，"度"的把握很关键）

我后来读到一首诗，这位扎根乡土的扶贫干部一定也有过这样的心情：

江水灵动

敲击土地的键盘

幸福的笑容

从往昔坑洼的乡野中走来

爬上眉梢

虔诚地祈祷

握在土地手中的丰收

耕者的夕阳

妆点黄昏的归途

一把镰刀弯了的童年

生根于这片厚土

足迹永远陪伴着湖光

（非虚构写作强调不能虚构，但是此处必须表现一下扶贫干部的心情，于是作者将一首诗嵌进去，并"以己之感度人之感"，这种写法没有超越非虚构写作的边界，却又能让文章

产生共情力）

　　站在秦巴山走向江汉平原余脉的丹江口库区，你一定会思绪万千。（画风一转，给了水库一个大特写，站在大坝上，你会联想到什么呢）

　　众所周知的南水北调工程中线起点就在这里，想想以前的均州老城已经沉潜水下了，之后移民安置、产业转型，一系列新的起航开始了，他们贫得愈深，我们爱得愈切。这是丹江口人民为中华民族发展做出的历史性贡献，人民会永志不忘，也会永远记住那些深入穷乡僻岭躬身扶贫事业的兄弟姐妹，记住他们为这块土地殚精竭虑的每一点付出。（历史背景的嵌入，佐证了因历史缘故和地理环境造成的贫薄，于是扶贫才有了意义）

　　扶贫，对于一个地缘不占优势又有历史基础病的地区来说谈何容易。（扶贫的难点也与之俱生）

　　首要之难是资金匮乏。贫困户想真真切切干点事儿，但是缺少启动资金，多少年来受困于此，又该怎么办呢？（使用设问笔法开门见山提出扶贫难点）

　　直接给救助金只能解决一时之需，授之鱼不如授之渔。信贷业务是具备金融思维的扶贫干部为当地谋划的"关键一招"。（对上面设问进行回答，并通过"关键一招"这个词设置一个悬念，读到这里就特别想知道这个信贷业务究竟有什么特别之处）

　　为了解决贫困户发展产业资金不足问题，根据国家出台的专门政策，他们设计了一款专门针对贫困户的信贷产品，以政府财政资金作为风险担保金，只要满足信贷资质的贫困户都可以从银行贷到一定数额的款项。在 Y 女士的专业把控下，贷款业务严格按银行经营规则办理，不仅支持了广大贫困户产业发展，又控住了风险。（陈述了这种信贷业务的执行规则）

丹江口市习家店镇小茯苓村的一名村民原先有 20 多亩桔园，为了购买农药化肥和扩大经营规模，2018 年、2019 年分别贷款 5 万元，通过近两年的发展，现有橘园规模 40 余亩，扶贫贷款的优惠政策实现了收益的规模递增。（此处需要出现信贷业务福泽民生的具体范例，旁证信贷产品的功效）

一招力大，满盘皆活。（对信贷业务进行总结评论。评论笔法在非虚构写作中的使用需要恰到好处，必须是在前文有铺垫的情况下，行文至此不得不评、不得不论，且一两句点评既可画龙点睛，又可引出下文）

不仅如此，小额扶贫贷也是当地一道亮丽的金融风景线。有很多致富带头人，本身就是带动贫困户向前冲的"领军人物"，他们的产业缺了钱，必须扶一把。（再补叙一种金融扶贫方式）

上限 30 万元的信贷产品出炉了，你可不要小瞧这几十万元，激活产业带动就业，有了这笔"急救款"，一盘棋就走活了。（边叙边评）

浓墨重彩的一笔不仅靠贷款来书写，扶贫基金在当地的诞生可谓是一件"破天荒"的大事情。（谈了信贷业务后，还要引出更加重磅的扶贫举措）

这个扶贫基金是总部在北京的一家大型金融机构在通盘考

虑收益目标与风险容忍度后，与当地政府和地方国企联袂成立的，不仅给当地需要资金的企业提供了有效的融资渠道，还可以带动贫困户就业，资助帮扶贫困户及贫困学生，同时，扶贫基金产生的造血扶贫效应又成功地为贫困地区发展注入了新动力，可谓一举多得。（介绍基金的成立背景，用通俗语言表达专业性强的业务）

据 Y 女士介绍，选择用基金的方式做投资，更加符合市场规律，扶贫基金投资的几个项目成效显著，在当地树立了产业基金投资成功的典范。（前文一直是第一人称叙述，此处采访对象以第三人称表述，不至于让读者阅读疲劳）

作为 20 世纪 90 年代初行走券商江湖的"红马甲"，Y 女士熟稔专业的金融操作方式和理念，深知市场发展完善的过程就是一个不断追求公平公正的过程，她给丹江口带去的不仅是有形的资源，还有无形的知识。（介绍采访对象的金融专业背景）

这种金融文化启蒙在当地立刻炸开了锅，一下子引起了许多党政干部的关注，原来搞活经济还可以这么玩。（承上启下的表述方式）

券商理念和资管知识的融通，让她在看待经济主体的经济行为时本能地会从市场角度去观察。所有的规则、制度的设计、调整都是为了让所有市场参与者平等充分表达交易意愿，只有所有市场参与者买卖意愿都表达到位，达成的市场价格才是公允的，对生产环节才有指导意义。（金融机构的扶贫不能缺少金融味，必须显现出金融独特的扶贫方式、扶贫意义与扶贫效果）

如果一位扶贫干部，懂金融懂市场，那么她眼界所及必然都是专业化、规范化的思索与判断，站在这样的视角看问题，基层发展的症结便一目了然。这应该是物质帮扶之外的一种"文化力量"。（顺着上文叙述得出论断，由这个论断再合理推演出新的结果）

最好的季节或许是在金秋。漫山遍野的橘子红了，捏在手里，光滑皮薄，咬一口，回味无穷。大巴山土质养的、豫北丹江库区小气候熏出，让日后其他的柑橘——沙橘、黄橘、油橘、蜜橘等都等而下之。（前文叙述了很多金融的规则与范例，这个时候将镜头移换到户外山野，亮出扶贫地区最有特色的产品）

让人留恋的"扶贫味道"又岂止是柑橘，享誉当地的速冻水产品，口感之鲜美，叫人一辈子难忘，连同蜜蜂养殖、茶叶栽培与核桃种植技术的渐次展开，资本"新动能新引擎"的力量正为扶贫产业插上腾飞的翅膀。（从农产品延伸到速冻产品和其他产品）

今天的丹江口，一条条平坦宽阔的水泥路修到家门口，一排排红瓦白墙的新房让贫困户告别了危房，一个个热闹的扶贫车间让贫困群众实现家门口就业增收……这片水乡泽国，草木蔓发，生机灵秀。（今昔对比）

在对口帮扶下，2019年4月丹江口正式脱贫摘帽了。当我们为这个好消息振奋鼓劲的时候，Y女士并没有回来。她还在荆楚大地上继续坚守，为了巩固扶贫成果一而再再而三地延缓归期。（君问归期未有期，深情藏在未归中）

贫穷已去，小康已来。阳光普照下，遒劲的群山一如既往地环抱着丹江，成群的飞鸟压着水面翩翩起舞。水天极目处，清澈丰盈的汉江水奔泻北流。（镜头聚焦户外更加开阔的山川风物，展现一个宏观的时空大视角）

天门中断楚江开，碧水东流至此回。（借用古诗词作为第一部分收尾，可以烘托气氛）

## （二）

前行中"拦路虎"总是有的，只要坚定希望，症结总会在破题中化解。我国脱贫攻坚最难啃的"硬骨头"当然是"三区三州"了（谈"三区三州"扶贫，开篇直截了当地提出扶贫的最大"硬骨头"）。

"三区"是指西藏自治区、新疆维吾尔自治区南疆四地州①，以及甘肃、青海、四川、云南四省藏族聚居区，"三州"是指四川凉山彝族自治州②、云南怒江傈僳族自治州③、甘肃临夏回族自治州④。这些地区贫困程度深，基础条件差，致贫原因复杂。（"三区三州"概念的知识普及）

作为"三区"的代表，天山以南、昆仑山以北的南疆正在迎来日新月异的变化。这块勾连亚欧大陆的区域因张骞出使西域，开辟丝绸之路闻名于世，也因大漠戈壁，雪山冰川等艰

---

① 新疆维吾尔自治区南疆四地州以下简称"南疆四地州"。
② 四川凉山彝族自治州以下简称"四川凉山州"。
③ 云南怒江傈僳族自治州以下简称"云南怒江州"。
④ 甘肃临夏回族自治州以下简称"甘肃临夏州"。

苦的自然条件而成为中国的深度贫困区。("三区"贫困的历史地理成因)

一家大型金融机构(Z机构)出手不凡，投资南疆四地州多个地方政府债券，让生生不息的资金流啸聚在古丝绸之路的咽喉节点上。(用散文笔法总结Z机构的债券扶贫)

120多亿元！流向南疆四地州！大手笔！(金融叙事中最难处理的就是数字，不妨挑拣最关键数字单独列出，加上感叹号，引人注意)

Z机构对南疆四地州的大额资金支持，让我们领略到了肆意铺展的漠漠黄沙在密密匝匝的防护林前止步，荒凉的戈壁滩正在变为青青的绿洲，南疆迎来历史发展的高光时刻。(大手笔资金流向往往是宏观的、总体的，很难具体甄别每一分钱跑到了哪里。因此，这里适宜使用一种更加宽泛的处理方式，将整个南疆四地州的自然风物打包呈现，表述其集中受益资金支持。当然，这不是"精确事实"，只是"合理事实"，所以用了领略二字，让叙述更经得起推敲)

决战脱贫攻坚战的主战场还有"三州"的代表四川凉山州。这里山高坡陡、峭壁嶙峋，人们借助一条条藤梯翻越悬崖，走向外面的世界，山崖下奔腾不息的金沙江水蕴藏着巨大的水能。(在人文视角下"金融叙事观"指引下，笔锋一转，将目光投向鲜活生命的冷暖痛疾)

Z机构的人再也坐不住了，他们立誓要为这些攀爬"天路"的乡胞们尽一点绵薄之力。(金融机构是如何与基层个体生命进行深度缔结的，引出下文叙述)

盯准金沙江的水能资源，债券开始发力！直投项目开始发力！（金融领域的一些专业概念，比如债券、直投项目，不妨以短语、短句形式直接拿出来示人，让读者直接感触）

Z机构选择治理规范、管理能力强的机构或企业发行的扶贫债，为四川凉山州提供长期稳定的资金来源。他们投资四川凉山州和藏族聚居区债券存量超过30亿元，资金用于四川凉山州辖区内雷波县溪洛渡、会东县乌东德、宁南县白鹤滩水电站建设……（这一段将金融概念与具体项目进行融合表述，然后按照人们的一般理解逻辑娓娓道来即可）

四川、云南交界处的溪洛渡电站是西部大开发战略的骨干工程，通过将金沙江下游的巨大水能转化为电力，不仅可以供应华中、华东以及川、渝、滇用电，而且本身也是长江防洪体系的重要组成部分。（遴选一个范例，叙述项目对当地发挥什么样的作用）

受益于Z机构资金的撬动，溪洛渡电站开工后，大量的商流、人流、物流、信息流空前交汇，资金带来的边际效应呈现递增趋势。一切都是崭新的开始。（进一步补充叙述该项目对民生福祉的提升）

龚清坤来自四川凉山州雷波县，是金沙江乌东德水电站的边坡防护网安装工人，他和同伴们绑上安全带，拿着工具，沿着缆绳下到山体上，进行排险作业，是悬崖绝壁上的"蜘蛛人"。（宏大的项目叙事难以嵌进人物灵魂，人文视角下"金融叙事观"要求我们关注项目背后每一位活生生的人如何在金融加持下，呈现情感的战果与开合）

　　虽然悬着工作，心里还是踏实的。高强度、高危险工作能够挣得一份可观的收入，这与过去微薄的收入形成鲜明对比。这些年，四面八方的资金援助如潮水一般涌向这里，加快了当地脱贫的进程。（直接使用"就业"概念有些生硬，融合在日常工作中，就会显得生动形象又富含温度）

　　与此同时，股权项目也闪耀在 Z 机构脱贫攻坚的舞台。200 亿元资金入股川气东送项目，80 亿元资金入股青海黄河项目，还有可转债项目，今年已经干了几单大的，还有其他……（前文谈到了债券发力，这里接着谈直投项目发力，切忌堆砌项目名称，导致语感错乱，需要使用一定的文字技巧）

　　滚滚的资金流进了民生基础设施中，投资的乘数与加速数效应开始显现，最终体现为就业的增长与国民收入的提高。（"乘数""加速数"都是宏观经济学中的概念，能够证明投资与就业、国民收入之间的关联，即便读者不具备专业知识，也能望文生义感受投资的巨大力道，这也能体现作品的"金融味道"）

　　希望的曙光也照耀着云南怒江！（叙述镜头迅速转向另一地区）

　　分布在亚欧板块和印度洋板块挤压而成的巨大皱褶间，云南怒江州海拔差高达 4 390 米，98% 以上的面积是高山峡谷，辖区内几乎没有一块平整的土地。（援引地理知识作为叙述背景，让读者知道扶贫是在什么样的环境下发挥功效）

　　怒江大峡谷中泸水、福贡、贡山三县市仅有一条沿江国道公路连通，雨季时节，泥石流、滑坡是毁路杀手。（展现出地

理环境的危险）

德钦和贡山两县的唯一通车公路——德贡公路穿过碧罗雪山，每年12月至次年6月大雪封山的半年多时间里，道路也无法通行。（进一步补充地理环境的恶劣）

交通这个顽疾若得不到根治，负面效应太深太广了。（前面有了对地理环境的描写，此处可以来一句点评）

扶贫就是要冲着解决当地实际问题而去。Z机构把帮扶怒江脱贫的事情挂在心上，积极捕捉涉及怒江周边公路项目的投资机会，2020年以来新增投资云南怒江州和藏族聚居区债券合计20多亿元，主要用于"怒江美丽公路"和孔雀山隧道项目建设。（把金融机构的典型做法展现出来）

怒江美丽公路扩建后，路两旁会栽上绿树鲜花，大峡谷将成为促进旅游业的怒江花谷。孔雀山隧道修通后，不仅能彻底解决德贡公路冬季通行问题，全线里程还将缩短18千米，实现贡山独龙族怒族自治县和德钦县以及"三江并流"中的怒江、澜沧江、金沙江区域的便捷连通，加快区域旅游产业升级。（资金的巨大作用通过环境面貌的焕然一新来体现）

每一寸土地都注满情意。位于澜沧江下游的糯扎渡水电站和雅砻江下游河段的锦屏电站也闪耀着Z机构的身影，几十亿元资金投掷，撬动了波涛中矗立的"扛鼎之作"，"西电东送"创造了多少无穷无尽的连锁效应啊……过去、今天和未来的不同扶贫片段连缀成扶贫的历史长卷。（面对林林总总的项目，谈哪个不谈哪个，哪些重点论述，哪些一笔带过，都需要仔细推敲，择其精粹）

还有许许多多不胜枚举的事例，说多了感动就多。那些山乡贫区或毗邻贫区的投资项目，无论涉足何种金融工具，钱根生在哪里，哪里就有了新气象，青山毕竟遮不住，资金源源不断地流向实体，金融之花绽放山野幽谷，区域经济在改变，百姓生活的烟火气在蒸腾。在这个意义上，这些项目无疑是奠定基础的，不可或缺的……（前面开枝散叶、分别叙述之后，最后来一段总结性的话语）

载《金融博览》2020 年第 10 期

**点评：**以文字语言为媒介的报道，语言感染力是必不可少的。当前，市面上的金融扶贫故事讲了很多，但是真正能讲出金融味道，讲出民生味道的好作品并不多。这是一篇比较经典的非虚构写作类作品，对金融的专业、叙述的温度、情感的悲悯都处理得恰到好处，栩栩如生的人物形象与专精技能的投入，旧貌新颜的比对与苦难辉煌的陈列都会让我们怀念起那些萦绕在心头的温暖。

扶贫不仅需要金钱与物质，更需要一种为了扶贫对象甘愿倾注心血的孺子牛精神，因此，我在观摩这篇文章的时候，感受到了一种情真意切的情怀，就像一条小溪，淙淙地流淌在我的思想理路里，流淌在时间的脉络中，引发了我内心深处的共情。

# 一家金融机构的投资故事——《大地金声》

　　宁波是中国东南沿海资本流动的一个点，往北是杭州湾，往南是台州，往东是舟山群岛，往西是绍兴，既有浙东运河连通京杭大运河，又有海路直通长江，生生不息的财富活水奔腾在这座海港城市的民生血脉里。（先交代故事发生地点的人文地理环境）

　　随着 Z 机构债权投资计划的首笔落地资金 10 亿元注入宁波月湖西区历史文化街区保护项目，古老的文化历史复兴工程正在得益于保险资金的滋养而掀开新的一页。（叙述投资项目名称和资金数额等基本情况，既然这个项目在资金数额上并不占优势，那么还不如将这个资金数额直接亮出来，不必拘拘束束、瞻前顾后）

## 试水险资合作

　　十年前，保险资金在整个金融市场的流动还远未像今天这样活跃，与银行、信托、证券的海量资金相比，险资市场显得规模小，知名度低，使用率也不高。然而就是在那个时候，浙江宁波当地一所国企携着刚刚出台的保险债权投资计划相关政策找上门来，希望与 Z 机构进行一次开创性的债权合作。（合作是有历史渊源的）

　　作为浙江省准备开展的第一个保险债权投资计划，这在当时的中国资本市场算是一个全新的事物，实施缺乏有效参考样

本，一切都将在探索中前行，试水第一单的难度是可想而知的。（当时历史条件下的探索）

宁波当地一所企业的负责人这样回忆："企业发展和项目建设开工都需要多渠道融资，我仔细研究了刚刚出炉的相关政策，保险债权投资计划正是为支持国家基础设施建设而创设，Z机构的品牌值得信赖，所以才找的你们。"（**金融机构的品牌形象通过投资对象的口述展现了出来**）

在险资发轫期，一家地方企业的领导带着最大诚意主动找到Z机构开展合作，仅仅这份信任就足够打动我们了。正是基于这份信赖，Z机构的员工凭着一股子拼劲，在摸爬滚打中完成了宁波第一个债权投资计划产品的全部设计。因为种种原因，双方的第一次合作没有延续下去。但这次合作的机缘也促成了2014年宁波海曙区火车南站项目以及2016年"宁波五路四桥"PPP项目的成功落地。（**回溯历史，今天的合作是过去合作精神的延续**）

宁波企业家是敢吃螃蟹的人。近代第一家中资银行，第一家中资轮船航运公司，第一家中资机器厂……都是宁波商人创办的。"宁波企业家敏锐的眼光，严谨的合作态度和对政策的解读都充满了睿智。"在过去的合作中，项目团队普遍有这样的感觉。2019年年初，当团队第一次接触到历史文化街区项目时，体现Z机构与宁波企业相互信任的新一轮合作之旅就开始启程了。（**宁波商贾精神的特质在历史中一脉相承，为今天的合作奠定了基础**）

这样一个涉足传统文化，又与新型基础设施建设和新型城镇化建设有机结合的项目并不多见。项目团队在心底隐隐有一种触动，这个项目将"优秀传统文化""长三角区域一体化发展""两新一重"都紧紧融合在了一起。（点出这个项目与文化的关联）

最初接手项目时，项目团队敏锐察觉到了项目推进的难点。一是以历史文化街区保护项目是对基础设施债权投资计划投资领域的有益创新，无前例可进行参考；二是Z机构另类投资对于风控合规有着严格的要求，项目团队需要根据历史文化街区保护项目设定合理的风控措施及条款，存在一定推进难度。（既然是谈合作，一定要谈合作中的难点）

## 一座城，在金融力量中生长

宁波的历史是一部缩微版的中国金融史。

历史上的各种银号、钱庄、当铺，现代意义上的第一家银行都曾在这里诞生。不仅如此，宁波商人还率全国之先，发明了钱庄业过账制度，为中国金融业写下浓墨重彩的一笔。看看海曙区姚江边那座庄严、恢宏的钱业会馆，这就是一部近代中国浓缩版的金融大历史。（宁波金融史溯源，烘托一种文化背景，项目合作正是在这样的商业文化气息下展开）

这里也是中国连通外海的一个节点，"海上丝绸之路"的始发站就在这里。当你驻足沈家门码头，望着奔腾的南中国海连通着远海大洋，你会有怎样的心情？想想看历史上那些蹈海的勇士和新航路的开辟者，他们结缘大海，在日复一日的风摧浪涌中磨炼出包容开放的远见卓识和商贸理念，与一座城市的文化灵魂紧紧交融在一起。而宁波这座越过千年风雨的商埠要口，也闪耀在海洋文明灯塔上，成为长三角地区经济繁荣的一个重要支点。（呈现当地的独特景致，特别是海洋文化孵化而出的商业气质，与前面一段互为犄角，各展其势）

在历史剪影与当代商业的交错中，险资开始登场发力。作为一种兼具长期性和稳定性的资金，险资一出场就展露出迷人的一面，始终保持着一种稳健运行的态势，特别是在那种需要长期大额资金的城市基础设施建设中，它往往会成为优选。（虽然文章谈合作，但是肯定离不开对保险资金的描述）

几年前，如果你去月湖西区走一走，映入眼帘的还是一片破旧的居民楼和工厂区，狭窄斑驳的街道和东倒西歪的屋舍在阳光下透着萧条与落寞，有些居民楼墙皮剥落，蛛网纵横，风流总被雨打风吹去，一种荒凉落寞的感觉漫上心头。（金融发力之前的场景描写）

今天的月湖西区，以著名藏书楼天一阁为核心，初步形成了洲屿相间、居湖合一的人文景观。当你徜徉在月湖公园时，光洁的湖面遍寻不见残叶杂草，不同的面孔荡舟摇曳，沉浸在无边的静谧与安详中。一条灰色石块拼接而成的街面延伸到江边，青砖红瓦的店铺兀立道旁，精雕细刻的房檐下一排排大红的灯笼高高悬挂。曾经衰颓的公园与街市满血复活，焕发出"修旧如旧"的荣光。（金融注入能量后，街区旧貌换新颜）

## 海港城里的坚定求索

这是一轮全新的合作，谈到先前做过的一系列债权投资计划，项目团队记忆犹新，"债权投资计划的本质与逻辑都是相通的，但是落实到具体项目中，又要具体情况具体分析，找到项目实施的最佳解决方案"。（合作体现为一种交往过程，这种过程如果写得枯燥就会失去灵动，必须紧扣人物的心理和行动）

第一次谈判时，合作方开门见山，将交易结构、项目特性、资金用途等方面的困难摆到台面上，Z机构项目团队深入研究历史文化保护领域相关政策，详细分析项目具体情况，逐一攻克难点，最终提出了可行的方案。（衔接上一段，谈合作就得拿出方案）

"既要对原先老旧区域进行改造提升，又要实现改造后的有效运营和商业价值挖掘，难道要分别设计几支债权投资计划来解决全部融资需求问题吗？"合作方财务部负责人非常焦急。（悬念的设置）

"理论上可以将历史文化街区保护项目视为一个完整项目设立一支债权投资计划，能够满足整个片区多个项目、多个开发环节的多种资金用途，有利于历史文化街区的集中规划、升级与改造。"项目团队一名成员说。（展现思维碰撞）

在资本市场的风云变幻中，Z机构稳健的投资风格表现出了比较强劲的市场竞争力，将风险降到最低，为委托方量身定制资管产品，牢记国家赋予的使命，为收益而战，却不让金钱绑架眼睛和心。这些肩挑使命担当，为国计民生奔走的金融将士们不过是用人伦良知与基本商业规则去感受双方的诉求，不追求零和博弈，而是成为客户互惠共赢的伙伴，最值得信赖的

朋友。(人文视角下"金融叙事观"强调挖掘金融活动背后的精神信仰)

合作中，意见分歧有时会自然地流露出来。但是，在求同存异的沟通中还是能够清晰地感觉到合作各方的责任感，一种为了共同努力推进项目早日落地的责任感，这种使命与意识是大家争论时站立的同一个基点。(对合作氛围进行概括)

"合作有很多技巧和原则，要将经济、技术条件都分析得清清楚楚，态度上不卑不亢。通过合作的诚意、过硬的专业能力体现公司形象。"谈起合作的话题，项目团队一名负责人滔滔不绝。(引用采访对象的话来谈合作)

讲求工作效率也是一柄武器，合作方提出的问题、需要协助办理的事情，要有求必应，反应快，处理快，该办的事不能拖；该解释说明的问题，要有问必答，以实际行动消除误解，显示出我们讲实话、办实事、讲效率的作风。(在这里需要表述具有普适性的合作基本原则)

因此 Z 机构项目团队总是用友好协商的态度来解决问题，在业务合作过程中往往能获得"好人缘"。

## 投资业界的"黄埔军校"

在当下的国内险资非标投资领域，债权投资计划依然占据较大的比例，许多员工在相关项目上身经百战后往往熟能生巧，自得精要，以后再去做其他业务时也都游刃有余，别有一番颖悟。(谈业务之间相通，是为了引出对金融机构其他业务的概括)

其实在 Z 机构，有许许多多这样的项目团队，长年驰骋资产配置的激流险滩，踏足寻找优质项目的征程，在交通、能源、市政、建筑、TMT、人工智能等领域开掘出一汪汪金融"泉眼"。（用散文笔法对金融机构人才团队进行宏观叙述，需要注意的是散文笔法必须恰到好处，不能肆意滥用，以免损伤文气）

高素质的投资从业人员是成功投资的重要基础，不仅要具备金融投资实践经验，还必须熟悉某一或多个行业，具有敏锐的洞察力，能对未来发展趋势做出合理的评价，以便在林林总总的项目中，筛选出最有发展前景、最可能为投资带来增值的新标的。（进一步叙述高素质人才可以为机构带来什么）

Z 机构项目团队的创造力与生命力是从一个个项目产品上磨出来的。在一个资产规模大、业务平台宽、产品线丰富的公司做项目，一切似乎水到渠成。除了另类投资那些各式各样的投资计划，固收类的各种债券名目也足以让人眼花缭乱，利率债、信用债、优先股、可转债等，还有权益投资的基金、股票、股指等，此外 Z 机构还是多资产解决方案的提供商，包括负债驱动策略、多资产母基金策略、目标日期策略，总而言之，一切产品设计、执行都是在锻磨投资能力，为客户的资产配置提供最好的服务。（用一种解释性的口吻去陈述金融机构不同的产品，尽可能减少语言的抽象味和枯燥味。如果有些概念确实难以通俗化，可以通过在下文嵌入一段更加通俗的内容来消解上文的枯涩）

在这些业务条线上摸爬滚打几圈下来的团队，不仅能对各种资管产品运作流程娴熟在心，而且在一个金融旗舰队伍中成长，能够赋予他们一种开阔的视野和以身许国的情怀。在关系国计民生的大项目中鏖战，一出手就是十亿、百亿级，这不仅仅是一个独立的企业行为，而是与国家战略紧密协同的"集结行动"，就是这样一群为国担当的金融人，在市场急难险阻之际，力挽狂澜，将一根根定海神针矗立在汹涌的波涛中。（这段描写通俗性更强，同时使用了一些形容词，将金融行动为国为民的情怀展现了出来，与上一段的专业概念介绍珠联璧合，让读者的内心与民族、国家、世界、时代的脉搏紧紧扣连在一起）

为了获得更多的项目进展情况，我几次给项目团队同志发信息，都没有及时回复，因为他们太忙了，凌晨都还在工作。（表现金融人物的工作繁忙不一定要罗列干了多少事，可以采取反衬法）

在当代社会中，中国人这种古老的拼命奋斗精神似乎正在消退，但像 Z 机构这样的国企独树一帜，在奋斗中迸发出传统的光芒，让人们看到了一个国家竞争力的希望。（委婉的评论中潜藏着对比）

《孙子兵法》中有一句话叫作"激水之疾，至于漂石者，势也"。意思是说迅疾的水流，可以让石头飘走，关键在于气势。投资也是如此，要讲究速度，重视节奏，才能游刃有余。在复杂的项目剖析中，Z 机构优秀的项目管理能力，对项目中每一个重要节点都快速介入，迅雷不及掩耳一般就将问题化于无形。设想一下，假如当初项目团队没有多次主动赶赴宁波，反复与合作方沟通寻找标的，这个项目或许会失之交臂，但是Z机构不愿抱憾，他们拿出了那份执着的拼命三郎一般的干劲。（从典故中拎出一种理念，再反观金融行动，并使用假设句式，反证金融行动的效果）

专业性从实践中来，却可以追溯至更远。（承上启下的过渡句）

Z机构从名校引进优秀应届毕业生，通过"传帮带"培养后，这些学生不仅熟稔规范的投资操作流程而且对风险管理非常重视，就算是对流程烂熟于心了还坚持自我加压，他们有时候也会觉得有点烦，但是必须去学，去遵照，去执行，在自我敦促中不断成长。（机构的专业性与人才队伍的源头锻造息息相关）

正是因为高频度的业务训练和风控意识强化，这些年，一批批人才在Z机构的投资熔炉中锻造而出，许多人后来都继续在金融领域担纲大任，哪怕是去了其他地方，但依然忘不了Z机构曾经锻造过他们的初心……

## 资管的精灵

宁波月湖项目团队也是在Z机构大熔炉中锻造出来的骨干，他们在解决难题时，从不单兵作战，而是尽力将团队协作精神与专业能力发挥到极致。（前面谈专业，谈合作更多的是理论层面的叙述或者引用采访对象的叙述，接下来需要举例子）

起初，项目团队与合作方一起筛选投资项目，但是一直没有找到合适标的。一日雨后，天朗气清，合作方工作人员提议大家一同去他们办公大楼附近转转，大家突然瞥见已经建成的月湖金汇小镇，这是典型的江南水乡旧式建筑风格，独门独栋的楼阁坐落在锦簇的花团中。大伙儿思路一下子打开了，就从历史文化街区改造开始破题吧。（**通过一个具体场景来透视合作行为**）

这里过去是一片残存的历史建筑，如今刚刚完成一期开发，定位于高端金融服务业特色小镇，银行私人银行、基金公司、私募股权投资机构纷纷进驻，其中还有几处文保建筑作为宁波金融发展历史展厅、社区会客堂、咖啡馆和餐厅。（**项目的历史与规则介绍**）

从这个片区往南走是一条泥泞土路，两边都是旧式民居，虽然砖瓦斑驳、杂草丛生，还是能够看见过去小城生活的热闹，模糊的招牌上还能依稀辨出有小卖部、饭馆、理发馆等字样。这块具有历史传承价值的片区牵动着项目团队的目光，大家很快就发现这确实是一个更具有投资研究意义和价值的好项目。传承中国历史文化不仅是国家战略、民族大计，更是涉及每个中国人精神命脉的铸魂工程。（**在今昔对比中，投资的意义不言而喻**）

让项目团队感动的还有闪耀在合作中的企业家精神。无论是偿债主体还是担保公司，一位位领导及员工都是非常严谨和专业的。Z公司的团队一门心思夯实专业技能，真诚待人，这在合作中给了对方很深的印象。（**企业家精神贯穿合作的始终**）

古老的建筑在新时代焕发光芒，他们的合作也将继续谱写这座城市的明天，人们会记住项目背后的青春、奋斗、汗水和眼泪……他们谦谨、低调又继往开来，用行动孕发出伟力，将金声留给大地。（文末的总结升华）

载《金融博览》2021 年第 4 期

　　**点评**：这是一篇蕴藉、温煦的纪实作品。作者用人文视角下"金融叙事观"透视金融活动的专业性，看到了金融活动中合作精神与生命共鸣的极致追求。

　　当前投资行业的叙事往往更愿意将目光锁定那些数额大、创新多、掌声响的项目。然而，这篇非虚构类作品另辟蹊径，从一个平凡的项目切入，谈投资理想、谈商业精神，谈家国情怀，在本就荒涩的金融叙事领域显得卓尔不群。

　　事实上，每一个项目的执行都是在多股力道牵拉下落地的，都是在特定历史背景和时代语境下完成的。叙事不必刻意追求新奇怪艳的热点，而应当秉承真善美的理念，用文字与光影展现令人肃然起敬的人生价值、思想认识与生命理解。

# 一群人在海上与台风搏战的故事——《桩腿浮城》

从香港中环码头往东南约 240 千米，是南海的珠江口盆地。这里平均水深约 200 米。2008 年，一座"城市"拔海而起，名曰"番禺 30-1"。（开篇点出地理方位，有一座城市，究竟是什么样的城市呢？为读者设置了悬念）

番禺，秦代为南海郡治下首县，海产兴盛、物阜民丰。1956 年番禺西边的莺歌海盆地发现了油气，在找油热潮下，番禺附近海域成为中国油气勘探的重点区位。（既然这座城市名叫"番禺 30-1"，那么自然要对番禺进行介绍）

平台落成后，一群海洋石油工人前往这座"海上浮城"驻扎。（明确说明这篇文章讲述的是海洋石油工业的故事）

## 进城

2008 年 5 月，90 名中国海洋石油工人乘着拖轮，在风浪中颠簸 8 小时来到番禺 30-1 平台。彼时，平台刚刚建好，许多生活设施并不齐备。24 岁的电工张立新刚刚大学毕业，第一次出海因为没有热水着急地哭了。有着多年出海经验的甲板工张铁锤安慰他："孩子，别哭啦，进了这浮城，就得有颗能耐苦的心。"（生活在陆地上的人很难想象没有热水的情景，这就是海上生活的真实感受，同时引出人物张铁锤）

张铁锤是平台电焊工，当年涌动的打工大潮，把他从河南农村席卷到深圳，这双抚过泥土、种过麦子的手，拿起了焊把

线，他的人生在弧光与烟雾中重新书写。（本段和下一段讲述张铁锤的故事）

　　每日的午休和收工，是铁锤最忙的时候，他顶着火辣辣的日头，认真观察走过的每一寸甲板，检查可能存在的隐患。很少见他跑回生活楼透口气，他说每天干着活，衣服都是湿的，再返回生活楼，空调一吹，贴着背心冷。（不必直接言苦，工作的涓滴细微已经证明了"吃苦"）

　　虎哥身上有股子"匪气"，出海20多年，对安全的热心比年轻人多。他每天深夜总在倒腾废弃的小零件，动手改装后做出一些在别人看来莫名其妙的玩意儿。（开始讲虎哥的故事）

　　他在45吨吊车上捡到一把生锈的扳手，在17.5米甲板捡回一把生锈的阀门手柄，他时时告诫同事消防设备是救命的武器，在安全会上，毫不留情地撂狠话，把自己的主操痛批一顿，他的不近人情、不通人气曾经让下面的弟兄战战兢兢。（对工作的严谨正是体现在这种"不近人情"中）

　　他真的倒腾出了一点名堂，SRUE卡——一个番禺301平台特有的设备管理工具，渐渐地成为平台员工工作的必备道具。

　　"日子有点辛苦"，张立新常这么念叨。在距海面17.5米之上共有5个工作甲板，分别为25米甲板、34米甲板、41米甲板、61米甲板，大伙儿平时都在34米甲板上工作。（第一次出现"辛苦"这个词，呼应了前文的内容，同时交代了工作环境）

　　番禺30-1平台孤挺于骇浪惊涛间，迎送狂风烈日，冰刀雪影。张立新常去甲板看海。平台是离家最近的"城市"，在这个孤单而寂寞的城市里，他最思念的便是远方的父母兄弟。（从前文"辛苦"的念叨过渡到对孤城相思之苦的叙述，为即将登场的故事做好铺垫）

## 台风袭城

番禺 30-1 平台是一座桩腿上的城池，四周浩渺空寥，桩腿深嵌海底，海水长年拍打着桩柱。遇上台风肆虐之际，城中的人们都不得不面对深重而又心惊的考验。（呼应文章第一段的"城市"）

2009 年 9 月 13 日，15 号台风"巨爵"进入南海。9 月 14 日上午 10 时，从热带风暴演变为强热带风暴，7 个小时后就在番禺 30-1 平台附近加强为台风，速度之快，历史罕见。（讲述台风形成的经过）

台风正面袭来，在平台附近反复拉锯，不断加强，阵风 14 级，阵风 15 级……报务员林辉环紧张地预报着不断恶化的天气，大家的心悬了起来。"当时下的暴雨，是横着打过来的。"计控师许云高描述当年的情景，记忆犹新。（讲述台风如何侵扰这座海上浮城，"阵风 15 级""暴雨横着打"，说明风力之大）

因为台风发展太快，来不及撤离，全平台还剩下了正在边生产边钻井的 100 多号人，有人半夜吓醒，抱着救生衣睡觉。（紧张的气氛悬到了嗓子眼）

台风"巨爵"登陆前的 10 个小时里，最大风力从 12 级加强到 13 级，登陆后维持最大强度达 5 个多小时，广东沿海出现了狂风暴雨和风暴潮，珠江口出现 20 年一遇的高潮水位。（台风对周边省市水位带来的影响）

风雨导致平台停电，生产关断。广播中，惊慌失措的 100 多号人，一起集中到餐厅。平时偌大的餐厅漆黑一片，人挤着人，背贴着背。外面狂风大作，雨点啪啪地拍打着窗头。晃动的平台，狭小的空间，空气里弥漫着骚动的味道，透出一股子烦躁和忧心。（只强调台风之大、之烈还不足以撑起现场感，必须通过画面，用具体人物行动反映台风如何冲击"海上浮城"）

"也许桩腿能扛住吧。"大家都相互安慰着。

"闷热撕裂了每个人的心，多了一层恐慌，每个人脸上都冒着汗，可却都从骨子里透出一股子寒意。"计控师许云高死死地拉着材料员邓刚的手，双双堵住生活楼的出口。他们知道，只要冲出去，就会没了。（"海上浮城"的兄弟们面对台风的心理状态）

距海面 8 米的甲板上有直径 5 厘米铁杆焊接而成的栏杆，竟然被风浪生生地撕扯掉了 15 米。"在那种情况下，平台生产关停不算什么，可生活楼必须通电，才能吃上饭，才能制住黑暗中的恐慌。"张立新后来回忆道，他是 7 位请缨勇士中的一位。（风撕扯铁栏杆的恐惧，阻挡不住工人们想要尽最大努力点亮光明的憧憬，为 7 名勇士的悲壮出场烘托气氛）

这群壮士，一辈子都会记得那一幕。7 个人手挽住手，顶着风，冒着雨，靠着墙，从 41 米高的甲板上的生活楼，一步步挪动，到 25 米高的甲板去重新启动发电机。（风萧萧兮易水

寒的气象）

谁说只有战争才可以评判真正的勇士，台风面前，拴在腰间的绳子，见证了7位壮士的勇气。李平安跌倒了，在地上不断打旋，他两头的曲涛和陈运松，一个箭步上前，死死地抓住他的手臂，咬紧牙关，硬是把他从风雨中扯了起来……

（勇气与担当的迸发，道义与良知的彰显，一点一点地逼近胜利）

黑暗中，张立新启动发电机，拉动生活楼的电闸，平台上的灯，瞬间亮了。100多名工人从黑暗中扶着墙壁，直起身子，在屋子里欢呼起来。有人吹着口哨，有人竖起大拇指，有人使劲鼓掌。（灯亮了，也坚定了所有人的信心）

该挺身而出的时候就是不能畏首畏尾。是的，他们都在这座城市里长大、懂事、成熟。"来的时候，俺娘说了，一定要对得起这份工作。"张立新说。7位勇士，生死兄弟，谁也没哭。（信念战胜了恐慌，敬业态度跃然纸上）

## 烈日与暴雨下

六七月份的南海，气温40度上下。番禺30-1平台上的工人脚踩着灼烫的钢铸甲板，头顶着顽劣的日头，挥汗工作。平台上的消防竞赛在热浪蒸腾中，也被推上了人声鼎沸的高点。（高温下工人干活的状态）

平台总监刘政洪，汗流浃背地站着，桩一样的敦实。午休刚换的工衣，眨眼间，湿透了前胸后背。他斜视了一眼日头，拉下工服的拉链，索性敞开来，露着宽厚的胸脯，耐心等待着

竞赛开始。（用一个人的出场来表现烈日的顽固）

看着刘政洪狠狠地甩去一把脸上的汗，一声令下，声嘶力竭的加油声，撕裂了无风的海面。比武论英雄，有点"华山论剑"的味道，剑锋所指处，现场的兴致被燃烧到了沸点。（烈日的高温与竞赛的热情融在了一起）

南海东部石油管理局副局长乐钻，第一次来到这个平台时，还没跨出生活楼缓冲间的门，一个冒失的家伙冲了进来，满身油污，大花脸，手上拿着沾满油污的手套。他是郭帅，机械初级工程师，刚从检修的吊车上下来，正打算回宿舍换下汗水湿透的衣服。这个平台上口口相传的"帅哥"，差点和乐钻撞了个满怀。讪讪的小伙子，赶紧让出一条路来，乐钻却轻轻地拍了拍他的肩膀，说："小伙子，好样的，平台不需要白领！"（一个"狭路相逢"的场景，诙谐幽默中展现出平台工作的不易，谁都免不了"满面尘灰油污色"）

海上的日头，淘气如娃娃的脸。一袋烟的工夫，热浪中夹裹的水汽便将平台团团包围。焊工王伟平大叫一声："暴雨来了！"（海上气候的变幻莫测）

噼里啪啦，雨水倾盆而下。他蹲在墙角边，汗湿的衣服贴着脊背，眼盯着暴雨横着倒进甲板面上。不一会儿，哗哗的水，凝聚成溪。（雨之大、之密、之急）

雨虽停，平台还是一片烟。王伟平急了，他冲进雾气中，找来一块纸板垫背，然后侧卧。焊条抵到反面的工字钢底，他瞥了一眼，15厘米的高度，然后点着焊枪。（雨一停就得抓紧工作）

呲呲，焰火喷薄而出，焊星飞溅。他一只手撑着，把半边的身体支起来，半侧坐，提焊锤，轻轻地磕了磕那道焊口，再弯下腰去，站起来，又跪下，半蹲着，又侧卧下……（矫健灵活的身姿与整个雨后迷蒙的工作场景熔铸为一幅画）

## "城外"，一个女孩的降生

2011年11月，重庆南坪的一家妇产医院里，一个陌生的好心男人把一个和他不相干的女人，抱上了去手术室的推车。（画面转向陆地医院）

这个女人的丈夫夏雪峰，还远在数千千米外的海上平台，她没有选择，只能一个人独自上场。（因为工作原因，舍小家为大家）

女孩的降生经历了母亲艰难而痛苦的分娩，谁也无法体会到这位母亲当时内心的无助和恐慌。

"女儿在里面冲撞着我肚子的四壁，于是，我的心终于安定下来了。"这位母亲在回忆录里写道。

夏雪峰正在番禺30-1平台上和100多号人开着每周末的安全会议。他侃侃而谈，说着一周的员工安全表现和相关的安全知识和理念。他的面容很平静，手心里却捏着一把汗。（两种场景的对比，无奈中透着坚韧）

"选择了做油嫂，就是选择了责任，我要让你内疚一辈子，但是我要你记在心里，注意自己在平台上的安全！"妻子为这个新做父亲的男人写下这段话。

出海的人都说，海上的时光，往往都是弹指一挥间，他们这一弹指，往往指向的都是儿女。

2013 年 6 月，夏雪峰从海上回来的第四天，妻子出差，半个月后，他一个人默默地收拾着行囊，再度出海。没有了唠叨的清静中，他倒想起她来，相聚的短短四天，就记下了妻子高兴地说自己终于瘦了十斤。一个人的城市就是不一样，听得他很心疼。

一岁半的女儿老是不睡，像一只撒欢的小山羊，伸出小手，拉开蚊帐，叫唤："爸爸，抱。"

当一个许久未见的陌生男人到了面前，她怯生生的，望了好几眼，才迟疑地叫了一声"爸爸"。他的心难过，分明在流血。（因为久别，重逢时也会陌生）

一岁半，学习发音的时节。这是电视，这是沙发，这是冰箱，这是桶桶，这是盆盆，这是牛牛，这是娃娃……（咿呀学语的可爱与大人心头的刺痛）

从客厅到厨房，从厨房到阳台，从阳台回客厅，绕了一圈又一圈，乐此不疲，不厌其烦。

女儿最喜欢娃娃，客厅的照片墙，是她每晚睡前必去的地方，妈妈在家，爸爸不在，爸爸在家，妈妈又不在，她的童年，只有外婆的陪伴。

跟着外婆的手指，这是爸爸，这是妈妈，这是宝宝。

推着箱子玩累了的女儿，从爸爸的怀里，爬过了两格沙发，钻到了外婆的怀里。

"宝宝乖哦，多吃饭哦，爸爸要去工作了，爸爸去为国家海疆站岗，采石油。"爸爸又开始絮叨，她似懂非懂地点头。

（这段话的背后是一种石油精神与信仰的沉淀。人文视角下"金融叙事观"主张金融行业向能源行业取经，凝结属于自身的文化）

"给爸爸，拜拜……"小手摇的，像旌旗招展。在女儿眼里，爸爸的出门，仿佛和她的玩耍无关。（一帧一帧童言无忌的画面呼应着千里之外"海上浮城"的牵挂）

家是平台男人心的归宿。平台搭建起的"桩腿之城"是这个"男人帮"工作时的家。

## 从这里出发

南中国海深水处蕴藏着丰厚的油气，然而番禺 30-1 平台落成之前，周边是一片从未开垦过的茫茫碧海，人们没有发现油气，很忧郁。（时间倒推，回到许多年前浮城尚未建立的时刻）

2002 年，喜讯传来，发现番禺气田。（接下来按照时间顺序，叙述这个气田的发展经历）

2003 年 3 月，完成番禺 30-1 气田总体开发方案研究。

番禺气田所在区域水深 198 米，属浅水与深水交替区。作为南中国海天然气产量的一个支点，番禺 30-1 平台的发现，引发了一系列的边际效应。番禺有气，周边地区会不会还存有大的气田？中国人开始带着憧憬在这个储量达 300 亿立方米的大气田周边几十千米范围内几度寻觅求索。（寻找油气渐入佳境，让读者感知到这儿不仅仅是一座浮城，周边还有其他的浮城）

2006 年 6 月，在番禺气田 70 千米外水深 1 350～1 500 米的海底，荔湾 3-1 气藏被发现，拉开了南海深水天然气开发的序幕。

2008 年番禺 30-1 平台建成，成为南海东部第一个自营天然气平台，为规划中的天然气东南输气管线大动脉的贯通增添了重要的输气结点。

当年平台上哭鼻子的电气学员张立新，已经成长为电气高级工，年轻人拿起"老人们"留下的工具，继续奋战。（**开发海洋石油的步伐与年轻人的成长关联在一起**）

当年搭建起平台的那批"老人"，如徐飞艇、王青、李平安等，许多人从这里起航，奔向深水平台。

2013 年 4 月 10 日，距番禺 30-1 平台约 4 千米的荔湾 3-1 气田中心平台组块完成陆地建造，荔湾 3-1 中心平台是荔湾 3-1 气田的油气处理平台，也是中国第一个深水天然气平台。（*时间再次回到笔者撰文的时候，气田已经大变样了*）

这意味着番禺 34-1、番禺 35-1、番禺 35-2 等气田所产天然气都将通过海底管道输送到荔湾 3-1 中心平台，再经增压后输送至我国最大的深水油气田陆地处理终端——珠海高栏终端。（*所有的浮城在一起联动，为了同一个目标*）

随着今年年底即将投产的高栏港珠海 LNG 项目一期工程，这些深埋地底的天然气，将顺着荔湾 3-1 和番禺 30-1 平台的现代化管网，输进 200 多千米的水下海底管道并被输送到广东天然气管网大动脉和国家电网，提供珠海、广州、中山等城市赖以生存的血液，提升珠三角地区的经济发展动力。（**这些浮**

城的意义在于保障了许多地区的能源供应）

那些海洋石油工人依然在桩腿之上的那一座座"微型城市"中殚精竭虑，继续"耕耘"。我国的能源事业却缘此掀开了新的一页。（小浮城的辛苦付出，大国家的能源滋养）

载《时代报告·中国报告文学》2013 年第 10 期

**点评：**一气呵成读完这篇纪实作品，突现一种凌空绝顶，光前绝后的视野，让我在文法上感受到记录人物的另一种方式，这样的描摹如同一部讲故事的纪录片，将海上浮城工人的谈吐言笑、举手投足一帧一帧展现在面前。紧凑的行文结构、灵动的节奏以及生命起伏的穿插回放令人击节称叹。

任何一篇纪实作品，如果没有人以及人的活动，再美的情节也会令人乏味。这篇文章具体而又真切地叙述了具体的地点、具体的人、具体的事，文章展现了直面台风的智勇，烈日暴雨下的坚守，世事无常的悲欢离合，蕴含着浓浓的入世精神和人道关怀。规模、高效动用南海油气资源，是几代石油人的梦想，也成为这些海上工人精神力量的来源。从他们身上，我学会了检视自己灵魂深处的驳杂，学会了重新找寻生命的价值与意义。

# 一艘旧船见证历史奇迹的故事——《风雨行舟》

船行烟波深处，不敢思来路，思乡之情，一点即燃。（从渡海行船的普遍感受谈起）

去过十几个国家的物探船"滨海517"十七岁了，她行过18 000海里，船上的元老和年轻的孩子们，将青春一起托付给异国的海，多少年来，在皓月苍茫间他们聆听来自远山、风涛、浪涌的召唤。（散文笔法写一艘旧船十七年来的航程岁月）

江海风高，船家情瑟。（呼应开篇第一句话）

## 梦里不知身是客

船靠了岸，海面波翻浪涌，船头猛地扎入海里，一会儿又从海浪里翘起来。（船靠岸的特写镜头）

这是2006年的冬季，强风直袭马达加斯加图拉尔港，船体随时会撞到岸基，"滨海517"海底电缆船队果断决定，解缆前行。（交代故事背景）

59米长的"滨海517"在狂风中摇晃。无情的海浪直接拍打在10米多高的驾驶台玻璃上，让人心里发慌。（海浪的凶猛让人心慌，接下来就不仅是心慌了）

桌上的水杯和洗漱用品平着飞起来，砸到了地面，船的晃动幅度更大了。"快看，震源甲板备用空气枪的固定绳已经磨断一根了！"一句话打破了沉寂许久的驾驶台，循着声音，大家朝驾驶台的监视器望去。（船身摇晃、物品飞奔，不巧的是

又磨断了绳索）

备用空气枪价值百万美元，本来用两根绳子固定的，如果不重新固定，就会冲下海去。（价格高昂，损失就在眼前）

汹涌的巨浪，像饿狼般恶狠狠扑向后甲板，设备瞬间吞没在海浪里，4米多高的后甲板，顿时成了汪洋。巨浪发了疯，继续向前扑，恐惧和无助在人群中漫到了极点。（进一步描写海浪愈加猛烈的样子，氛围看似已经抵达临界点）

整条船，严重向后倾斜，紧张的气氛凝结在空气中，大家的呼吸变得急促。"哗"一声巨响，愤怒的巨浪，掉过头去，气汹汹地奔向了大海。还没等大家缓过神来，恶浪又掉转过头，再次扑向后甲板，丝毫不给人喘息的机会。（临界点上再进一步，基本上预示着这艘船的"危在旦夕"）

可是，后甲板的备用空气枪价值百万美元，固定绳已经断了一根，如果不及时加固，随时都会冲下海去。（笔锋又转到折断的绳索上，事出十万火急）

面对死神与设备的安全，40名中国海洋石油工人做出了有生以来最艰难的抉择。

"我来！"震源工陆星伟大吼一声。（第一个坚定的声音）

"我跟你去！"李金生的脸上充满着刚毅。（第二个坚定的声音）

"我也去！"声音来自杨爱兵，他一手扶着墙边的栏杆，一手高高地举起。"我当时脑子里一片空白，唯一的愿望就是能够平安回来！"杨爱兵回想起当时的一幕，流着泪说。（第三个坚定的声音）

一同前去的 5 位壮士，打开生活区通向震源甲板的门，头也不回地走了出去，大家都明白，出了这扇门，生死一线间。（门内门外两重天，此刻，英雄气息破空而出）

没有豪言壮语，他们用不锈钢链条一端拴住腿，一端拴在柱子上，步履蹒跚地向备用枪的方向走去。（为了不被风浪冲走，竟然使用了不锈钢链条）

刚迈出没几步，一个巨浪拍打过来，50 岁的陆星伟跌倒了，还没等得及大家反应过来，巨浪猛地退离了甲板，拍上来又退下去，5 位壮士，用铁链牢牢固定住了备用枪。（前行的每一步都险象环生）

"整个人就像做了一场大梦，拼着力才醒过来，然后才发现一切平安。"陆星伟说。（从"做梦"到"梦醒"反映了当时的高度紧张。叙事最忌喊口号，辛苦也好，惊险也罢，都要通过事实来表达）

## 人类首次在北纬74°极地海域物探作业

2008 年 7 月，"滨海 517"远赴北极进行地震数据采集。（呼应了小标题，船开到北极）

工区位于北冰洋，横跨 14 个时区，最冷月平均气温可达零下 20~40 度。浮冰、冰山随处可见，有的浮冰在水下四五米深。（北极环境介绍）

"北冰洋"源自希腊语，意为正对北斗星的海洋。如今，伴随着能源需求紧缺和对油气资源的把控，这块遥远的土地成为多国争食的"蛋糕"。（油气开发到北极的原因）

　　一切准备就绪，自湛江港出发，目标波弗特海。"滨海517"单枪匹马，直入北冰洋，实现人类首次在北纬74°的极地海域物探作业。

　　令人振奋的同时也充满着挑战。（**到底存在什么样的挑战，激起了读者兴趣**）

　　当映入眼帘的冰山越来越多而餐桌上的新鲜蔬菜愈发稀有时，当白昼的时间逐渐变长而气温越来越低时，北极，就这样一天天逼近了。（**挑战体现为餐饮与气候的变化**）

　　7月30日，经过24天的艰难航行，船到达波弗特海甲方GXT公司划定的工区，大家卯足干劲，准备打响北冰洋石油勘探史上的第一炮。

　　9月14日，极昼来了。"没有黑夜，生物钟全乱了，睡觉吃饭不能看天亮不亮，只能看钟表。"跟随"滨海517"征战17年的震源组工人黄开万说。（**引用船员的话说明北极的极端环境**）

　　挂在南边海平面上的太阳，那么的惨白，完全不像在国内看到的太阳。"滨海517"拖着10 000米长的电缆，在这惨白的阳光照射下，像一条游龙，来回穿梭在冰山与冰坝间。（**前面说到没有黑夜，这段描写太阳的独特形态**）

　　突然，海面刮起了狂风，风中夹带着冰雹，肆意乱飞，气温骤降至零下30度。（**突如其来的气候变化**）

　　仪器组的杨爱兵穿着两套棉工服，戴着两层手套都冷得哆嗦。普通衣物已经无法抵御不期而至的酷寒，北极的空气变得十分可怕与贪婪，它似乎要榨干人身上仅有的热量。手仿佛已经不是自己的手，想要伸直，却变得无力，不听大脑的使唤，伸到一半就停下了；想要弯曲，更难了，像骨折后被打了石膏一样，僵僵地杵在那里。杨爱兵直跺脚，艰难地更换着磁带，一盒盒磁带记录下北极海域极其珍贵的石油蕴藏情况。（表现"冷"可以使用各种形容词，但都不如一名工人的切身感受来得真切）

奇冷的空气致使波弗特海的水下温度也降至零度，气枪中 2 000 兆帕的高压空气本身就低温，遇到冰冷的海水，瞬间结成了细小的冰体，累积的冰体堵住了空气枪活塞杆的气眼，直接导致空气枪无法响炮。（地震资料采集必须通过气枪向海水中开炮）

甲方代表急得在甲板上转圈子，黄开万更是不停地挠头，他拿着纸和笔同震源组的兄弟们互相探讨着解决方法。最终，意见达成一致，那就是用电钻把活塞杆气眼钻大一些，让充气量变大、变快。（用平实的话语来表述专业的技术流程）

话音刚落，一个涌浪拍了上来，来得可真不是时候，可是大家伙都没动，是不能动，一旦急着站起来躲避涌浪，那么抓着东西的手就会松开，一旦松开了就可能被冲到海里去。（又是一次突发情况，北极靠的不仅是技术，更是与恶劣环境殊死搏战的勇毅）

冰冷的海水打湿了棉衣、棉裤，还有安全帽里的棉帽，冻得人直发抖。船员知道，在这极其寒冷的环境中，不能让身体的皮肤带着水接触任何冰冷的铁东西，不然粘在上面准会掉一层皮。（变换语言，再次表现北极的冷）

冷，刺骨的疼痛。黄开万胖胖的身躯趴在地上，手中的活儿也没有停下。最终，经过那刻骨铭心的奋战，问题解决了，甲方作业代表激动地竖起了大拇指："Wonderful（太好了）!"（克服"冷"之后迎来了"赞"，一种鲜明的对比）

## 流沙港，炎海变清凉

2012 年 5 月，在南海北部湾乌石工区作业的"滨海 517"海底电缆船队发现海里怪流多，电缆发生轻微位移，必须对电缆再次配重。（转战南海北部湾）

离工区最近的流沙港，位于雷州半岛，村民世代捕鱼为业。见外客来，村民逐拥而至，安静的码头热闹起来，红色的工服映照着流沙湾。

8 条 6 000 米长的电缆被拉到空旷的场地，每隔 3 米需增加一个 1 千克的配重块，40 度的高温下，工作开始了。围观的村民问道，"你们弄这堆东西是要干嘛？在码头怎么还戴着安全帽，穿着大靴子呢？"毕竟这是他们从未见过这么大规模的作业场景。（运用小说笔法，从村民视角映衬工作繁重）

烈日下，水泥场地像着了火，发出熠熠的白光，俨然一个大蒸笼。放线班长孙平低着头捆绑着配重块，整个人像刚从水里爬出来一样，湿漉漉的工服紧紧地粘在身上，出汗太多，嘴唇也有些干裂。（表达"天热"，如果使用"温度飙升""赤日炎炎"等词汇未免显得干巴，不如直接讲述高温下一个人的样子）

一大杯水递到了眼前，"给，爷爷，喝口水吧。"一个小

女孩跑了过来，或许，她舍不得这位和她爷爷年龄相仿的老者这么辛苦。（接下来几段讲述的都是企业与地方生活融合的细节）

孙平一愣，哈哈一笑，接过水杯，仰头喝下，一股透心凉窜到了嗓子眼。（凉水解渴）

很快村民们了解到这是来南海寻找石油的物探队伍。水泥场地开始充满了欢声笑语，白天有人作业，有人静观。挥汗如雨时，有人送水添茶，歇工休憩时，有人问东问西，月出东山时分，许多船工留宿乡邻。（心与心的相连）

一旁流沙港的村民都会过来围观，大家渐渐熟悉了，村民们对工人正在开展的工作也逐渐了解。

两个村友，头戴草帽，背着几竹箩筐枣子送来了，瞬间便被抢食而空。

又一筐枣子运过来，洗得干干净净，显然精心挑选过的，个头大，水多，解渴。船员们一边吃一边道谢，老乡则笑呵呵地看着大家，说："吃吧，家里多的是，吃完我们再回去背。"（枣轻情意重）

水手长孟师傅上前要给钱，老乡不高兴了："不要你们的钱，你们为国家来流沙找石油，是我们的客人。"

9天后的傍晚，"滨海517"起锚前行，船工们捧着蔬菜、瓜果和腌制的鱼干兀立船头。

流沙港码头，村胞们挥手作别，赠言远行人，勘油探海，一路平安。

## "单枪匹马"变身"群英联盟"

甲板工将四根充气橡胶筒悬挂到物探船的艉部，各长 20 米，学名"枪阵浮体"。"浮体"从物探船的艉部跃入海中，在炮缆的牵引下，慢慢凫向船两侧，等待着揭开海底地层的神秘面纱。（讲故事不能忽略对专业化工作的解读，要尽可能用形象的语言表达出来）

"轰"一声巨响，"浮体"下悬挂的空气枪喷出 14 兆帕的高压空气，巨大的气浪震得船体嗡嗡响，海水开始翻腾激荡。（运用可视化语言对专业操作进行叙述）

"滨海 517"船工们忙碌着。船每前行 25 米，空气枪就会释放一次高压，事先铺设在海底的采集电缆会将由地层界面反射的地震波转化为电信号，并传回仪器记录设备。（物探作业的技术流程解析）

数据将会存储在磁带中，送往地震资料处理中心，只有将分析的结论与钻井勘探资料结合起来，才能准确判断海上油气田的位置。

"现在的物探船已不是'只观其表，不及其心'了，它多了一双千里眼，海底的地质样貌看得清清楚楚。"震源工黄开万打了个比方。（善用比喻修辞）

2011 年以前，"滨海 517"还处在二维勘探时代，船艉拖着一根电缆单枪匹马地进行地震反射波的采集，地震波在海底断层扫描，断层的外表能够一览无余，但无法窥探岩层的内部构造。2012 年，采用三维勘探模式的"滨海 517"通过多根事先铺设在海底的电缆进行地震波采集，得到的数据不仅更加详实，海底断层的表面与内部构造还能够精细成像，船工们戏称这是"群英联盟"带来的高效。（今昔对比中反映技术进步）

高效蕴含在业绩中，乌石工区作业中，船员们创下船队组建以来的月产新高，400平方千米的作业中，没有发生一起安全事故。

在2013年9月1日完工的北部湾盆地涠西南凹陷西区海底电缆三维地震资料采集作业中，船队更是开启了许多海底电缆勘探的"首创"。

就拿铺放电缆来说，可谓是一项重大创举。（举例说明如何首创）

北部湾盆地的涠西南凹陷西区，分布着11座钻井平台和15条海底输油管线，许多平台海底管线相连，工区内怪流较多，整个工区设计25个小区块，每个小区块有48条测线。（先讲述复杂的施工环境）

"滨海517"的任务是将8根电缆铺放在这个复杂的工区，它必须拖着4排空气枪来回穿梭在11座钻井平台之间，震源中心沿着测线的横向距离必须保持在正负12米之内。（复杂的工区内完成高难度工作）

这就意味着"滨海517"要在每个区块作业中至少穿梭48次。（似有千难万险，我自破浪前行）

蜀道之难，难于上青天。（有了前面铺垫，此处直接用典，显得水到渠成）

"滨海 517"海底电缆船队通过把绳子捆在震源枪阵炮缆上来控制震源横距，成功避让开工区内 11 座钻井平台，成为中国海洋油气勘探史上第一支在平台众多、海底管线复杂、怪流变化无常的区域成功作业的海底电缆船队。

**载《中国海洋石油报》2014 年**

**点评：**这篇文章给我的第一印象不是功夫的精湛与情节的跌宕，而是人物丰富的生命转徙中弥漫的精神价值。每个民族的心灵深处都会保存对于各式各样英雄的记忆，在中华民族的历史长河中，人们敬重保家卫国的仁人志士、开启民智的宗师儒商，内心里也一直敬重那些挺膺担当的人，他们都是推动国富民强、社会进步的柱石，活在我们追求理想的征程里。

"滨海 517"这艘驰骋江海的船舶，正是依靠着一群敢于担当、甘于奉献的勇士，才能够深入险地、创下功勋。这些勇士用最朴实的精神为我们树立了一种精神脊梁的典范，让我们看到了一个民族对道义的坚守、对自强的坚持。

## 深夜孤帆渡南海的惊险故事——《渔舟夜过海》

有一次夜间乘小船出海的经历，让我至今心悸。以后知道，不熟悉的海路，是不能随便夜走的。（**直抒胸臆，曾经的出海经历让人难以忘怀**）

2012年7月，我从塘沽飞往深圳，从这里出海前往"蓝鲸"船，到达深圳的时间正值下午四点，我与陈君相约在此，第二天上午，将有一条渔船送我们出行。（**交代时间、地点、人物、事件**）

傍晚时分，我们在附近的一家餐馆吃过饭。陈君接到消息，计划有变，第二天的渔船临时有任务，晚间有条稍小点的渔船也会前往目的地。我们就想着当夜离开这里。（**"白日行船"变为"夜晚行船"，这意味着什么？设置第一个悬念**）

陈君是个在海上工作多年的老同志，向他打听，到蓝鲸船有多远，好不好走。他说不远，好走，九十多海里，四个多小时吧，沿着一条大道，直通望海路，七弯八绕，司机将我们带到了港湾大道。（**平实的语言叙述掩抑不住渡海者内心的担忧**）

六点半，太阳虽然沉落在山脊之下，夜幕却迟迟没有降临。我们犹豫着，不知道在天完全黑下来之前能不能渡过这片海域，到达那艘向往已久的钢铁巨舰。（**进一步展现渡海者内心的惶惑，焦虑的氛围开始浮现**）

陈君说，到达目的地至少十点半，天早就黑了。这虽然是我第二次出海，但前一次出海是在渤海湾，从塘沽乘坐直升机直飞平台，从未与海水近距离地接触过。看着眼前的渔船鳞次栉比地排列着，在夜风中有些摇晃，我的内心开始暗暗地祝祷。（通过两次出海的对比，衬托出本次的焦灼，"夜风""摇晃""暗暗""祝祷"营造出"山雨欲来风满楼"的感觉）

同船几个热情的乘客聚拢来，为我解除了心中的疑虑。用他们的话说，这条海路"闭着眼都走过去了"，特别是一个大哥说"没有岔路，一条道到底"，让我彻底放下心来。（乘客的话解开了心中疑团，第一个悬念落地）

当我们挥手上路时，没有想到那是怎样惊恐的一晚。（设置第二个悬念）

船行十多分钟，开始起风了，两侧的浪花越来越大，我从船舱向外望去，乌黑的天空连接着乌黑的海水，水天相接处像是钢笔划过的一道黑色曲线。发动机的轰鸣声、舱内的呼噜声混杂着呜咽的海水声。天色的转黑，让人猝不及防，上路不过半小时，已是物色朦胧。（风与浪，天与水，愈是幽深处，愈是惊险时）

风浪越来越大，长条凳上的乘客跌落在地，立即抓住身边铁门的把手，站立起来，我开始在舱内踟蹰徘徊，船体摇晃更加剧烈的时候，感到一阵阵恶心。风浪中，驾驶台前的大副硬着头皮往前开，渐渐地风小了。（乘客的表现反衬行程之险，但"渐渐地风小了"，似乎一下子化惊险于无形，这里隐藏着第三个悬念）

行至一半路程的时候，天黑得让人意想不到。没有月亮，没有星星，只有微弱的天光。再往前走，两边是岛礁，树丛密布。越走越黑，好像落入了深渊，我的心紧缩着，不敢轻易东张西望，总觉得每一棵树干的背后，都有隐蔽的身影。汗水渐渐在发间渗出，手心也湿漉漉的。脚下的水如一面黑镜，我摸出随身携带的手电，在浩瀚无垠的夜海中，这真正是"鼠目寸光"，只能照亮海上巴掌大的地方。（夜海苍茫，声响入耳，行之愈远，惊怖愈浓）

风浪又开始大了，是迎面而来的，船长也有些发慌，陈君与船长商量，如果再往前开，逆水行舟，可能没到目的地就没燃料了。但是既无法前行，又无法后退，船上的乘客们紧张地盘算着，是不是顺风开回。但海面翻腾的巨浪，拍打到甲板上，没在甲板到船舱的阶梯上，如果今夜在这里找不到一块可长久立足的地方，夜间的事情谁也无法意料。时间一点点地过去，绝望开始在心头弥漫。（对前文第三个悬念的回应，风浪并没有过去，反而愈演愈烈，而且逆水行船、燃料将尽等新情况出现了）

正在束手无策迟疑四顾的时候，突然，身后传来了鸣笛声，我们仔细地聆听那个声音，由远及近，曲音听起来如同天籁，一阵喜悦从心头升起。（云外布谷一声啼）

唱曲的声音停止了，一艘比我们渔船大得多的商务船从后面开过，我后来回想，觉得那一声鸣笛，就好像是梁山好汉的一声呼哨，让人心底爽朗。（惊我迷梦三两回）

船行到与我们并排的地方，减慢了速度，听见船上一个人高喊："兄弟，需不需要帮忙？"渔船上的乘客一下子激动地跳起来，大声地喊道："能否搭乘我们？"（江湖共济扁舟渡，

春去有人问落花）

话音刚落，风奇怪地停了，事后才知道，那一夜我们的渔船正处在台风的边缘。台风过去了，那夜就再也没刮大风。后半程，风平浪静，陈君给我讲了他出海的故事，虽然这段海路不短，但他好像就是那个闭着眼就能开船过海的人。他一面告诉我起风时在船上怎样落脚，一面和我聊天。那天晚上因为他的陪伴，我不仅顺利地度过了夜海，也不寂寞，他给我讲了很多他自己有趣的故事。（从"惊魂动魄"复归"心静身安"）

不知不觉中，前面出现了大片星星点点的光，如果不是他说到目的地了，我不会想到那就是蓝鲸。（突然间，曙光一片）

后来回想，夜间海路的行程，虽然紧张，但并不存在实际危险。真正的危险，是在起风的时候。那天晚上，如果没有遇见那个商务船上的一声吆喝，不知道会出现什么样的状况。脚扭伤了？船返航了？走错路了？都有可能。（回眸这段航程，此处提出多种假设情况，更显万分幸运）

那天晚上，船行五个小时之后，午夜时分，在甲板一片作业声中，我们走上了"蓝鲸"。（轻快的结尾，让人感受到喜从中来的欢悦，繁密的工作声与先前的风浪声形成了反差）

载《中国海洋石油报》2015 年

**点评：**这篇文章从最幽深的地方开始写，写出了叙事者本人内心世界的悠悠荡荡，展现了人心深处最隐秘的情感。

起风的那一瞬间，所有的忧虑在一瞬间喷薄而出。作为读者，我非常担心乘客们会出现意外，但是读着读着，发现跌宕起伏的情节总是吊着我的胃口，风小了又变大，大了又变小，心情也从低沉紧张变得清朗激越起来。

令我感触的不仅仅是精彩的故事和语言的感染力，还有字句华章间泛漫而出的道义和良知，关爱与相扶……大浪奔流的夜海也是一个充满温暖和甜美的地方，随着那一声爽朗的哨声，一切的恐慌都云消雨霁，迎来了崭新的时刻。

## 液化天然气与农家变迁的故事——《炊烟散去农舍新》

谢贵灵家用了半个世纪的烟囱没能撑过昨夜的那场大雨。（小切口，从烟囱坍塌说起）

从老谢的父亲开始，这座烟囱陪伴他们走过 46 年。每隔三五年，老谢都会爬上屋顶，认真检修一次。（既然经常检修为什么没有保全）

但这一回，老谢再也不用上屋顶了。（为什么不用上屋顶了）

7 月 20 日，惠州市大亚湾区荷茶村，65 岁的老谢，身体依然健硕，指着砖灶前崭新的燃气灶，眯着眼说："这玩意儿，火苗能大能小，没异味，没噪声，好使。"（用采访对象的话引出燃气灶的第一次登场）

厨房里，一根白色管道穿墙而入，连接到天然气刻度盘上。扳动表盒上方的把手，启动燃气灶的旋钮，蓝色的火苗喷薄而出。刻度盘指针开始旋转，实时记录下用气量。（家用燃气设施的特写，间接回应了为什么烟囱倒塌，因为不再使用了）

荷茶村人世世代代靠山吃山。炒菜蒸饭、煮水煲汤都用柴草作燃料。管道刚开通时，老谢粗算了下，一家六口，每天的用气成本大概 3.5 元，如果是烧柴估计需要 10 千克，但柴草是免费的，每月平白多出一笔燃料开支，让人难以接受。（客观公正地叙述天然气与柴草两种能源的优劣）

不过上山砍柴，道阻险多，使用后的柴渣草灰还要清理，占去一个劳动力。以前，老谢每天清晨五点就动身前往五里外的鳌头岭砍柴，晌午过后才回家。穿林过涧，身体常会被荆棘

划破。撸起袖管，他的胳臂露出一大片斑痕。（**不必使用高亢的语言评价柴草的劣势，举事实娓娓道来即可**）

一次惊险的经历让他的儿子终生难忘，"添柴做饭的时候，丝毫没料到烟囱某个部位被堵住了，呛人的黑烟直往屋里窜，奶奶当时不停地咳嗽，差点儿背了过去"。（**柴草引发风险的案例**）

用上天然气后，老谢上山砍柴的次数越来越少了。他在村口工地上找了个拎灰桶的活儿，60元一天。在收入的比较中，他开始体会意外的欣喜。（**能源改变带来的"时间节约"转化为"就业收入"**）

三年前，我初访荷茶村，也是在老谢家中，他娴熟地往灶膛里添柴，柴草噼里啪啦地燃烧，火苗上蹿将锅底团团包围，灶口的灰渣四散，屋顶青烟缭绕，门口场几上一捆捆柴草横七竖八地躺着，枝枝桠桠，随风乱舞。（**过去使用柴草的特写**）

黄昏时分，荷茶村笼罩在一片云霭里。家家户户飘散出的缕缕炊烟、四周的草木清气与山间的雾岚交织在一起，升腾在村庄的上空，让人感觉到一种清香混着焦糊的味道。（**使用柴草对周边环境的影响**）

今天，在荷茶村，炊烟几乎很难见到。老祖宗几千年来执斧伐木，柴薪助燃的农耕文明史正在因为能源使用的变化而改变着荷茶村居民的生活方式。（**总结性叙述**）

老谢家的场几已经许久不堆木料了。崭新的农舍，金锃锃的屋瓦、雪白的墙壁辉映着头顶的蓝天白云。唯有屋顶上歪斜的烟囱像一尊雕塑守望着西天的残霞。（**今天的农舍环境与三年前形成对比**）

90 千米外，一艘艘装载液化天然气的巨轮靠泊深圳大鹏码头。来自十几个国家的清洁能源滋养着中国的天然气大动脉，在深圳、惠州、东莞、广州、佛山的城市与乡村，一条条天然气管道建成，一座座天然气灶台搭起。（这里首次出现液化天然气运输的场景，天然气进口的功效不言而喻。切忌在文章开篇就进行功利叙述）

开玩笑时，老谢常说自家像个博物馆，几十年下来，许多东西更新换代了，旧的舍不得丢便成了古董。这几年，与烟囱一起置于家庭博物馆的还有卡带录音机、黑白电视和院子里的那口老井。（物品的迭代换新佐证了历史变迁的步伐）

载《中国海洋石油报》2015 年

**点评：** 这篇文章意在报道液化天然气的功效，但是并没有单刀直入，展开功利叙事，而是将液化天然气视作一种新生事物，深度探求国人生存状态与这个事物之间的关联以及民众对待这个事物的基本态度，客观真实地呈现了社会民众与能源大工业的休戚联系，挖掘出液化天然气背后的故事。

叙事者对事物的认识存在多种视角，写出来的作品也存在各式各样的风格，但是对作品优劣的衡量始终掌握在社会民众手中。高山流水民生问，冷暖痛痒人自知，如果企业端坐"庙堂之上"，就不可能捕捉到"江湖之远"的故事，也就不可能获悉最真切最感人的声音。

## 冷能利用与食品保鲜的故事——《冷荔香中说冷能》

潮汕的荔枝5月成熟，到了9月初销路依然旺盛。（开篇很轻松地谈荔枝这种很熟悉的水果）

最先成熟的荔枝叫"妃子笑"，相传是当年杨贵妃极钟爱的品类，每逢盛夏，刚摘下的荔枝在这里打包、装车，发往全国各地。（介绍荔枝的品种，特别强调发送全国各地，引出物流链，为下文铺垫）

9月6日，望着自家冷库中最后一批"妃子笑"登上列车，刘忆生舒心地缓了口气，"今年收了5000公斤，市场很走俏，庆幸的是没有浪费"。（从采访对象视角引出"冷库"这一概念，为后文讲述"冷能"埋下伏笔）

荔枝离树后必须抓紧送进当地的冷库，否则一天之内就会变色、变馊。从荔枝园到各大冷库和超市并不远，但是电力供冷常常会让用户心绪不宁。（冷库需要用电，电力保障怎么办）

"心疼电费，一个月5000多元。更心疼的是，用电量大了，往往会遇上跳闸，冰棍、荔枝全军覆没。"老刘皱了皱眉头，开始搜寻苦涩的回忆。（用电的两大痛点：费用高、易断电）

前年一次断电经历让他战战兢兢。眼巴巴地瞅着冷库里冰糕化水，绝望地看着新鲜的荔枝一点点由红变黑，算一算损失，有10000多元。（断电带来损失的案例）

今年夏季，老刘不再为电价高低和电量透支一筹莫展了，他家的冷库用上了一种新型的供冷方式。（话锋一转，谈到能

源方式的转型）

　　潮安县登塘镇老刘的家庭冷库，一根粗白的管道从当地液化天然气卫星站延伸过来，穿过房顶，并联起六个制冷设备。（微观视角上，液化天然气为冷库供电的特写）

　　一种极为低温的混合冷媒在管道中缓缓流淌，它携带的冷能来自液化天然气从液态变为气态过程中释放的能量。（液化天然气如何释放冷能）

　　中国是世界进口液化天然气最多的国家之一。大量的天然气在生产地被液化到零下162度，体积压缩到很小，再装船运回中国。（回到宏观视角，谈液化天然气的来源）

　　在潮安附近的码头，一个个装存液化天然气的巨型储罐临风兀立，一根根圆柱状的管道纵横交错，一头系着储罐另一头连着冷库与制冰厂。（中观视角，给中国承接液化天然气的设施一个特写镜头）

　　管道中间是一个方方正正的气化装置，冷媒与液态气在这里交会，液态气将能量传递给冷媒，冷媒再将能量释放给冷库或者用于制冰。（至此，读者可以明白原来冷能就是对液化天然气解冻过程能量的充分利用）

　　"我们店里五个冰柜都用冰块制冷，跟制冰厂预约，冰块随买随到，比起用电，更安心，每月能省一两千元。"谈起收益变化，登塘酒店的朱老板兴致盎然。（以实际案例说明这种冷能应用面很广）

　　据当地冷能研究人员介绍，平均每千克液态气变为气态都会释放812千焦的能量，可以供一个140瓦功率的大冰柜使用

1.5 小时，但成本只有电费的一半。（费用贵的问题也解决了）

　　两年前，一套完整的冷能利用装置首次矗立当地的液化天然气码头。登塘镇的许多商家开始尝试建立新型家庭冷库，体验这种独具魅力的能源给贸易带来的欣喜。（这种冷能使用方式追溯到两年前）

　　在中国其他液化天然气码头，冷能利用装置正在落地生根。来自海外的液态清洁能源，在流入管网前，将自身形态变化中产生的第一拨能量提供给周边的居民。（潮汕不是个案，而只是冷能利用网链上的一个节点）

　　持续稳定的冷气供应能够让荔枝保鲜一周左右。"摘下荔枝后，我们有充分的时间安排物流，保证到达顾客手中的产品原汁原味。"刘忆生说。（保障了生鲜食品的口感）

　　沿着登塘的街市溜达，我看到乡村公路两旁停满了卡车，搬运工快速从冷库里取出新鲜的荔枝，整齐地码在车上，送往当地的火车站。（再次将镜头聚焦物流运输车辆）

　　白云山下的荔枝园中，鲜红的果实凌空欲飞，守望着今夏荔枝收获的最后时光。老刘敏捷地将个大、饱满的荔枝装到筐篓里，丝丝的香味弥漫在空气中。（给荔枝丰收一个特写，这么美的果实不应该浪费）

　　山脚的铁轨上，一列列火车呼啸着向北方大地驰去。（"能源保障"联动"速度提升"，将果实盛宴与珍稀美味送向远方）

**载《中国海洋石油报》2015 年**

点评：新闻叙事中素材的选择很重要，必须对报道的事物进行有特色的聚焦。这篇关于冷能的纪实报道，以荔枝作为突破口，呈现物流链上的人物活动，并与大工业关联在一起，于是能源的特点与价值在叙述中散发出来了。

最让我看重的是作品倾听了民间关于冷能的声音，因而带一些"土味"。这种"基层气息"能够反映叙事者的真实感受，并不因囿于企业领域而曲高和寡，而是与社会上的一些普遍现象、普遍道理紧密相连。因此作品只在企业领域抓住了一个好的兴奋点，却做出了一篇可以引爆社会热点的大文章。

# 代跋

# 新闻面向的"非虚构写作"：
# 概念澄清与历史变迁

刘勇①

**按语：**王权邀我为本书作一篇跋，恰好手边有关于"非虚构写作"的一篇旧文，所论主题与本书内容较为贴近，谨以此文抛砖引玉，代为跋。

近十多年来，从文学界到新闻界，从传统媒体到新媒介平台，从专业记者到普通公众，"非虚构写作"的繁荣已是不争的事实。然而，学界与业界对"非虚构"的解读却不够清晰，很多问题缺乏更深入的阐释。譬如，"非虚构"概念引入新闻界的必要性何在？以真实为核心追求的新闻，难道不应该是"非虚构"的？抑或还有新闻是"虚构"的？对于这些根本性

---

① 刘勇：复旦大学新闻学院教授、博士生导师，中国新闻史学会应用新闻传播学专业委员会副会长。

问题，仅仅从理论、概念层面加以推演，难免望文生义，甚而谬以千里。有鉴于此，本文尝试从历时性维度，探寻非虚构写作的概念内涵，继而探讨新闻文体演化的基本逻辑。

## 一、非虚构的概念简史

作为一种介于新闻与文学之间的文体形态，非虚构（Non-fiction）是从美国引入的"舶来品"，又被称为"文学新闻（literary journalism）"、纪实新闻、叙事新闻、长新闻、特稿等，是"一种基于'事实'的文学创作活动，它借助虚拟对话的形式，采用讲故事的叙事方法反映真实的历史人物和事件"。具体包括四个特征：第一，记录性。非虚构作品来自真实世界的"事实"记录。第二，详尽的研究。非虚构写作要通过观察、调查、采访和文献的验证来建立叙事的可信性。第三，场景。非虚构写作强调重建场景。第四，细致的写作。优美的语言是非虚构写作的文学特征①。

按照美国新闻史家的考证，新闻面向的非虚构（叙事性文学新闻）是在 19 世纪 90 年代得以成熟，到 20 世纪 60 年代的"新新闻主义"发展到极端。"新新闻主义"实质是运用文学（尤其是小说）的技法，高扬人的主体性旗帜，突破建基于客观性理念为核心的新闻文体范式。当然，由于新新闻学对于新闻传统近乎全盘否定，尤其在实践中对于新闻真实性的背离，其仅仅持续了十年即告终结。"新新闻学在反传统、反权威时选择了极端的方式，在很多地方都显得单薄、脆弱，一旦

---

① 刘蒙之，张焕敏. 非虚构何以可能［M］. 北京：中国社会科学出版社，2018：2.

反击的力量横扫而来，新新闻学便不堪一击地退缩到历史的角落里，从此一蹶不振。"① 但是，新新闻主义对于"故事"的青睐，对于文学表现手法的灵活运用，都对新闻文体产生了巨大影响。1978 年普利策新闻奖设置"特稿写作奖（feature writing）"就是对新新闻主义合理成分的继承与开拓。20 世纪80 年代以来，我国新闻界相继出现的大特写、特稿以及非虚构写作等基本也都受到这一思潮的影响。

中国语境下的非虚构写作意涵更加丰富。作家莫言认为："非虚构写作介乎新闻通讯和小说之间。如果说新闻通讯是绘画，非虚构文学则更像雕塑，更加立体地展现了人物。"② 名记者杜强也用文学性衡量非虚构的尺度，"非虚构写作，情感性的东西会多一些，作者的个人表达会多一点，然后会更加有意识地试验文学手法"③。王天挺则从新闻与文学的共性特征切入，"不管是文学还是非虚构，在'打动人'这一点上是一致的"④。

目前，我国学术界关于"非虚构写作"的界定大致分为三种：一是"文体形态"，二是"写作姿态"，三是"文学潮流"。本文选择第一种，亦即非虚构是呈现新闻的一种结构方式和话语体式。

---

① 芮必峰. 论新新闻学［J］. 潍坊学院学报，2002（1）：5-14
② 新华网. 中国首个"非虚构写作大奖"揭晓［EB/OL］.（2013-08-19）. http://edu.people.com.cn/n/2013/0819/c1053-22616305.html.
③ 胡群芳. 杜强：非虚构作品，要有放到十年后还能看的潜力［J］. 南方传媒研究，2019（6）：178-187.
④ 刘蒙之，张焕敏. 非虚构何以可能［M］. 北京：中国社会科学出版社，2018：7.

## 二、中国非虚构写作的当代"旅行"

1949 年至今，循着"报告文学－大特写－特稿－非虚构写作"的发展路径，新闻面向的"非虚构写作"大体历经了四个阶段。

**（一）建国初期到 20 世纪 60 年代中期：新中国报告文学的第一个高峰**

作为一种边缘文体，报告文学实质是一种"非虚构文学"："比之新闻，它能自由地使用文学手段诸如联想、抒情、议论等，增强作品的可读性；较之文学，它是真实的而非凭想象创作的，非虚构的真实性是其存在的基点。"[①] 从 1949 年到 20 世纪 60 年代中期，新中国报告文学迎来了第一个发展高峰。其主要原因有四：

第一，新中国成立初期，由于广大新闻工作者一时难以适应城市办报的变化，不写、少写、不会写新闻，是当时的一大弊病。于是，沿用于解放区办报的基本经验就成为当时最稳妥也是最实用的做法。有鉴于此，以《人民日报》、新华社为代表的权威媒体遂选择通讯、报告文学这些运用得最为"得心应手"的体裁。

第二，这一时期报告文学作者队伍已具备相当规模。"20 年代执笔草创的文坛前辈，30 年代雄踞文坛的宿将，40 年代在战火中锻炼成长的文艺战士和新闻记者，以及 50 年代崭露

---

① 陈岳芬. 新闻传播精品导读·报告文学与深度报道 [M]. 上海：复旦大学出版社，2008：9.

头角的后起之秀，汇聚成一支声势浩大的报告文学作家队伍。"①
这批作者成为新中国报告文学创作的"生力军"，也共同推动
了新中国报告文学第一个高峰的形成。

　　第三，抗美援朝的宣传需要。1950年朝鲜战争爆发，由
于现实条件的限制，消息难以及时传播，新闻通讯与报告文学
遂成为当时被广泛运用的体裁。1952年，胡乔木就改进《抗
美援朝》专刊，致信邓拓等人："可以约请一些作家写朝鲜战
场、朝鲜后方、战俘营英雄人物的有历史价值的实录（可以
连载一部分，但必须是写得好的）。"② 此后，大批记者、作家
入朝参与战争报道，短短两三年中，全国报刊发表了数以千计
的通讯报告作品，《谁是最可爱的人》《伟大的战士邱少云》
《祖国的好儿子黄继光》《不朽的国际主义战士》等成为脍炙
人口的历史名篇。

　　第四，国内建设的宣传需要。1956年"三大改造"完成，
标志着国家正式进入社会主义建设时期。一大批歌颂建设成
就、宣传先进典型的经典作品应运而生，代表作包括邓拓的
《访"葡萄常"》、徐迟的《天堑变通途——记武汉长江大桥
的"合龙"》、王石等的《为了六十一个阶级兄弟》、黄宗英
等的《特别的姑娘》等。这些作品特色鲜明，集中展示新中
国的建设成就和新人新风，突出文学写法，情感真挚，常常直

---

① 赵遐秋. 中国现代报告文学史［M］. 北京：中国人民大学出版社，1987：
　　387.
② 《胡乔木传》编写组. 胡乔木谈新闻出版（修订本）［M］. 北京：人民出版社，
　　2015：115.

抒胸臆，正面讴歌，体现了新闻宣传对于文学手法的借鉴。

1963 年 3 月，《人民日报》编辑部和中国作家协会邀请30多位作家、记者座谈，专门探讨报告文学的问题。会议将"特写""速写""文艺通讯""文艺性调查报告"等统一到报告文学范畴之下，明确了报告文学的四大特征：①写真人真事或以真人真事为基础；②迅速反映当前现实斗争，反映时代精神，具有强烈的战斗性和鼓舞作用；③主要从正面歌颂先进人物、先进事迹；④用文学语言、文学构思来进行写作，与一般新闻通讯有别①。这次座谈会的意义深远，不仅厘定了报告文学的内涵、范畴与特征，而且用文学性将其与新闻通讯区分开来，实质规定了文学面向的"非虚构写作"的基本内涵，也从一个侧面强调了新闻文体的独特性。

**（二）20 世纪 70 年代末至 80 年代中后期：从报告文学的第二个高峰到深度报道的崛起**

该时期的 10 年，报告文学迎来了第二个发展高峰，也率先揭开了新闻文体革新的大幕。1977—1978 年，作家徐迟连续发表《地质之光》和《哥德巴赫猜想》，引发社会各界的广泛关注。《哥德巴赫猜想》最大的历史功绩在于突破了题材禁区，是将知识分子作为正面歌颂对象的作品。写法注重诗化的语言、深入人物内心的描写、生动的人物形象刻画等，都深刻影响了新时期的非虚构写作。对此，有名记者钱钢曾做过如是描述："大概谁也忘不了《哥德巴赫猜想》发表时的情景，许

---

① 周国华，陈进波. 报告文学论集［M］. 北京：新华出版社，1984：13-29.

多报纸都用若干个版来全文转载徐迟的这篇报告文学。报告文学的浪潮涌来，1976 年后一代的新记者，几乎人人是报告文学的爱好者，谈起理由、黄宗英等的作品，如数家珍。我们飞快接受那些全新的——而又是最基本的理念：说真话，不说假话；说人话，不说鬼话；人道主义；以及'5W'为标志的新闻真实性原则；还有最重要的，'改革'。"①

　　此后，《唐山大地震》《中国大串联》《5.19 长镜头》《中国的小皇帝们》等相继发表。这些作品超越了 20 世纪 50 年代兴起的政治维度取材、讴歌式写作方式，强调将笔触投射到社会生活的各个领域，倡导"全景式""问题式故事式"的多元呈现方式，不断彰显写作者敏锐观察、理性思考与恢宏表达，在构筑当代报告文学的第二个发展高峰的同时，更彰显了报告文学的两大特征："文学新闻化"和"新闻文学化"。

　　"文学新闻化"强调"非虚构"，将"田野调查性、新闻性和文献性"作为报告文学的"重要元素"，强化"写实态"，再现"不能被艺术家们所想象出来的事实"②。《唐山大地震》就采用了这种写法：作者通过对地震幸存者、救援者、地震工作者等持续不断的采访，客观呈现了地震前的奇异自然现象、地震发生时的实况、震后的惨烈景象，从而展现了不同生命个体的命运与际遇，"以灾难为核心，而不是以救灾为核心，这样的写法，在当年是突破。作品按照新闻的规范，记述了大量

① 钱钢.《唐山大地震》和那个十年 [J]. 财经，2009（15）：2.
② 王晖. 时代文体与文体时代 [M]. 北京：人民出版社，2010：125.

确凿的事实"①。

"新闻文学化"则凸显了其时新闻界为革除不良新闻文风所做的努力，亦即运用文学的表现力来突出新闻的可读性。名记者马役军就曾说过："记者生涯 28 年，当新闻样式不能表达某种感悟时，便开始选择与新闻相近的文本样式进行创作。"②

这一定位的直接后果是"反哺"了 20 世纪 80 年代深度报道的"形构"，激发了新闻记者的"文体意识"。此后，"坚守'真实而非虚构'内涵，强化新闻文本的文学审美"逐渐成为新闻界的共识。从 1985 年开始，新闻界连续刊发《大学生毕业成才追踪记》《第五代》《关广梅现象》《中国改革的历史方位》《鲁布革冲击》等突破传统的报道。这些后来被命名为"深度报道"的作品，强调用"统摄性思维来把握事实，用结构化的方法来演绎事实"，在内容选材、结构布局、写作技法乃至语言表达等维度都深受报告文学的影响——"就写作笔法，深度报道接近报告文学，但要比报告文学更有理性，目的不是文学化地报告事件，而是文学化地聚焦观点。"③ 在《第五代》（1986 年）中，记者选择的报道对象是"第五代留学生"，由"人"切入主题，"见人见事"，这是对报告文学的一个重要借鉴。报道中充满恢宏气势的笔触、形象化、细节化的描写，整体结构的搭建、故事化的写法等，都显示出当时报告文学的影响。新闻背景的交代、直接引语与间接引语的交替使

---

① 钱钢.《唐山大地震》和那个十年 [J]. 财经，2009（15）：2.
② 马役军. 新闻打个文学的盹儿（上）[M]. 北京：作家出版社，2010：2.
③ 陈力丹. 深度报道"深"在哪儿？[J]. 新闻与写作，2004（4）：10-11.

用、信源的交代、数据的提供，这些又固化了新闻文体"非虚构"的基本特质。

这一时期的深度报道吸纳了报告文学的"非虚构"和"人文性"特质，又不断挣脱报告文学的"束缚"，逐渐发展成为独立的新闻文体样态。

**（三）20世纪80年代末至90年代：从"大特写"的兴起到"特稿"的第一次繁荣**

20世纪80年代末，伴随市场经济的发展，"信息"成为公众选择新闻的基本诉求，传统报告文学与深度报道都遭遇了巨大危机。1985年，一种全新的文体形态"大特写"率先由上海《生活周刊》"命名"。1988年，《北京青年报》开始以"社会大特写"引起报界关注。这种强调文学性、故事性、全景化的新闻文体样态之所以受到大众的青睐，一个重要原因在于"周末版"的基本定位和竞争需要。该时期第一家"周末版"是《中国青年报》在1981年创办的"星期刊"。到1992年，仅省、部级以上的报纸中，出周末版、星期刊、月末版的就有50多家①。"周末版"的初衷是为了弥补日报的不足，争取更多的读者。由于在时效性方面与日报的差距，"周末版"不得不寻求报道的"第二落点"，亦即淡化时效性，追求可读性。由此，"大特写"因时而生。文体界面的大特写，篇幅在4 000字左右，拒绝单一化形式，强调对于多种文体的借鉴与

---

① 郑兴东. 新闻冲击波——北京青年报现象扫描［M］. 北京：中国人民大学出版社，1994：281.

融合，"是新闻分析、新闻综述、趋向性新闻等新兴文体基础上发展起来的边缘性文体"。写法则更强调"文字的明易畅达和叙事的形象化"。同时，它又是"以抨击时弊为主旨的问题性报告文学的新闻化，而贯穿于其中的思想核心，则是宏观的理性思考"。写法较少受到传统新闻样式的限制，"更强调夹叙夹议，叙事形象，写法通俗，有情节、有事件、有人物，可读性较强"①。

"大特写"一开始更似报告文学的"缩写版"，逐渐聚焦到软新闻、司法新闻、故事等领域。90年代中期以后，伴随晚报、都市报的崛起，"大特写"遂成为这类市民报的重要品种。

1995年，《中国青年报》创办"特稿版"——"冰点"。所谓"冰点"，就是"关注那些被忽视、被遗忘，甚至被屏蔽的人与事。冰点，不是焦点或热点。然而，我们又是以最深的情怀去关注这些故事、以不'冰'的方式把它们传递给读者，让阅读感受不'冰'、让引发的思考不'冰'。所以，冰点，讲的其实是有温度的故事"②。事实上，从第一篇报道《北京最后的粪桶》开始，"冰点特稿"的旨趣就一以贯之：题材取自真实事件，细致的观察与细腻的笔触背后蕴含了对人的生存状态关注和内心世界的尊重——"记者以一个普通人所具有

---

① 郑兴东.新闻冲击波——北京青年报现象扫描［M］.北京：中国人民大学出版社，1994：144-145.
② 徐百柯.冰点·特稿2012-2013［M］.北京：中央编译出版社，2014：2.

的同情心，基本使用'白描'手段，客观、真切、栩栩如生地描述出采访对象的苦难和希望，极大地唤起了善良人群的共鸣"①。对于"冰点"在"非虚构"文体上的探索，《南方周末》特稿版原主编杨瑞春曾给予高度评价："在改革开放之后的新闻界，进行自觉而严肃的探索的媒体大概只有《中国青年版》的《冰点》和少数其他媒体。"②

"冰点"带来了新时期特稿的第一次繁荣，也初步奠定了特稿文体的"行业标准"。按照李大同的说法，特稿的文体特色主要包括："首先，题材本身有重大关系，要有张力，要判断读者会不会感兴趣。题材的重要性大概占50%；然后，标题要吸引人，标题作用多大呢，要管500字。一个好标题，能让读者看500字；那么，开头这500字写得好，产生'阅读惯性'，然后让读者读接下来的1 500字；阅读疲劳通常产生在1 500字左右，这时候，你得让读者喘口气，甚至在1 500字的结尾处理下某种伏笔，再吸引读者读下去，直至读完。"③"重大""张力""阅读惯性"等关键词，集中展示了特稿的非虚构性质和类似文学作品的"可读性"，于是，"讲故事"就成为冰点特稿的重要呈现方式。从这个意义上说，其时新闻界对于特稿的理解，更多停留在"把新闻写得更好看"的形式层面，并未从根本上触及特稿的精髓——"特稿的选择，是理解世界的方式的选择，是对新闻的解读方式的选择，同时

① 李大同. 冰点故事［M］. 桂林：广西师范大学出版社，2005：71.
② 南香红. 野马的爱情［M］. 广州：南方日报出版社，2011：292.
③ 张志安. 记者如何专业［M］. 广州：南方日报出版社，2007：33.

也是呈现方式的选择"①。

（四）21世纪以来：从"南周特稿"的探索到"非虚构写作"的"命名"

2003年，《南方周末》记者李海鹏发表《举重冠军之死》，这篇被称为第一篇真正意义上的"特稿"，开启了该报"中国式特稿"的探索之旅。此后，南周"特稿"专版以"追求文字的美，呈现复杂的真"为基本定位，选题聚焦人物类、人群类、话题类、事件类题材，将"戏剧性高度集中"作为选题基本原则，强调"主题事件化，事件故事化，故事人物化，人物性格化"的特稿操作路径②，形成了一批有影响力的特稿作品，例如李海鹏的《悲情航班MU5210》、曹筠武的《系统》、叶伟民的《山寨春晚变形记》、关军的《一封27年等不来的感谢信》等。

与此同时，一大批传统纸媒诸如《中国青年报》《新京报》《南方人物周刊》《人物》《智族GQ》《时尚先生》等相继加入特稿生产行列，由此带来了特稿文体的再度繁荣。包丽敏的《无声的世界杯》、林天宏的《回家》、赵涵漠的《永不抵达的列车》、林珊珊的《少年杀母事件》、王天挺的《北京零点后》、袁凌的《血煤上的青苔》等成为其中的代表作。这些作品切近社会现实，写法上各具特色，有的擅长对真实细节的描摹，有的聚焦新闻人物的内心世界，追求历史时空中多维

---

① 南香红，陈丰. 二辨［J］. 南方传媒研究，2009（22）：44-54.
② 杨瑞春，张捷. 南方周末特稿手册［M］. 广州：南方日报出版社，2012：293.

254

度、多关联的真实。总体看，这些特稿大多强调新闻框架内对文学手法的征用，很多作品直接借鉴小说的创作方法，综合运用第一人称叙述、人物和对话的发展、冲突与张力的构建、对事件场景的重现以及对语言的重视，努力寻求新闻实录与文学审美双重价值——"特稿文体折射出新闻价值理念获得普遍认同，其原因在于，事件的叙述具有人的维度，具有人情味；其次在于，文学化的新闻写作样式为读者喜闻乐见；最后在于，对时代的进步意义，经得起历史的检验"①。

　　特稿的第二次繁荣不仅产出了一大批优秀作品，更为"非虚构写作"的崛起培育了一批以传统记者为主体的专业化作者队伍，也培养了一个对"非虚构"具有阅读兴趣和鉴赏能力的读者群。2010 年，《人民文学》（第 2 期）首次推出"非虚构"栏目，编者开宗明义，"我们其实不能肯定地为'非虚构'划出界线，我们只是强烈地认为，今天的文学不能局限于那个传统的文类秩序，文学性正在向四面八方蔓延，而文学本身也应容纳多姿多彩的书写活动，其中潜藏着巨大的、新的可能性"。此后，伴随梁鸿的《梁庄》、慕容雪村的《中国，少了一味药》等非虚构文学作品的"一纸风行"，一大批国外非虚构经典被译介引入国内，例如卡波特的《冷血》、赫西的《广岛》、阿列克谢耶维奇的《二手时间》、彼得·海勒斯的《奇石》《江城》《寻路中国》等，加之，2015 年诺贝尔文学奖授予了白俄罗斯非虚构作家阿列克谢耶维奇，助推了非

---

① 杨瑞春，张捷. 南方周末特稿手册［M］. 广州：南方日报出版社，2012：3.

虚构写作潮流在国内文学界的兴起。

对于"非虚构写作"这个"命名"，国内新闻界不仅欣然接受，而且迅速成为积极的行动者与推介者。

一方面，新闻界通过创办非虚构栏目，搭建新媒体平台，举办写作大赛等形式，大力推广"非虚构写作"。2011 年，中国第一个创新人群故事传播平台"中国三明治（China30s）"成立，以"众包+专业策划编辑"方式生产"非虚构"作品。2014 年，《南方人物周刊》与《人物》杂志双双增设"非虚构"栏目。2015 年，网易新闻上线"人间"，立足"活在尘世，看见人间"，集中刊发原创的非虚构故事。同年，《南方人物周刊》《谷雨》《地平线》《人间》《时尚先生 Esquire》《单读》《正午》《智族 GQ》8 家媒体平台联合发起成立"非虚构创作联盟"。2017 年，李海鹏等创立"讲述最好的非虚构故事"的 ONE 实验室；同年，"真实故事计划"启动第一届非虚构写作大赛，力图打通新媒体、出版、影视三大行业，实现非虚构写作的产业化。2018 年，澎湃新闻正式上线非虚构栏目"镜相"，林珊珊领衔的"故事硬核"工作室加盟腾讯谷雨。2019 年，澎湃新闻与复旦大学、今日头条联合举办"澎湃·镜相"非虚构写作大赛，旨在"培育优秀非虚构写作者，并长期孵化非虚构佳作"。

另一方面，新闻界也生产出一批非虚构佳作。2015—2016 年，《时尚先生 Esquire》连续刊发魏玲的《大兴安岭杀人事件》、杜强的《太平洋大逃杀亲历者自述》，微信号阅读量均达到 3 000 万+。《太平洋大逃杀亲历者自述》《黑帮教父最后

的敌人》更是被影视公司分别以百万元买断版权。2017 年，
《南方人物周刊》卫毅采写的《白银时代：一桩连环杀人案和
一座城市的往事》，连续获得腾讯"年度非虚构写作大奖"和
网易"非虚构文学奖"。2019 年，杜强的非虚构作品《废物俱
乐部》获得瑞士伯尔尼记者节首届"真实故事奖（true story
award）"第三名。此外，《1986 年，生死漂流》《"失败者"李
晓峰》等也都是这个领域的优秀作品。

目前，非虚构写作的作者队伍正在从专业记者、作家拓展
到普罗大众，写作领域也从新闻、文学拓宽到历史、社会学、
心理学等。2020 年疫情期间，舆论场中既有专业媒体记者采
写的专业"特稿""口述实录体新闻"等，也有普通人写的
"日记体"的"真实故事"，从中我们亦能观测到非虚构写作
在这个时代的意义与价值——"对于心灵疗愈、连接他人，
传播知识以及当下所流行的社群组织，都有不可替代的作
用"①。

### 三、非虚构写作演化的三个逻辑

第一，作为一种跨界文体，非虚构写作是新闻与文学交叉
互动的结果。这本身即凸显了文体变易的一条"进路"——
"两种或两种以上的不同文体之间的交叉、渗透，并进而产生
一种新的文体。这种交叉、渗透实际上是多种结构规范之间的
对话、交流、相互妥协和相互征服"②。

---

① 李梓新. 非虚构写作指南［M］. 北京：中信出版社，2019：2.
② 陶东风. 文体演变及其文化意味［M］. 昆明：云南人民出版社，1994：
 15-16.

第二，新闻的母体是"文学"，新闻既要从文学中汲取养分，又要不断挣脱文学束缚，继而才能形成相对独立的文体形态，寻找到自身存在的合法性。但是，新闻文体与生俱来的文学"痕迹"，又常常显现在具体的新闻叙事之中，这主要表现在对文学理念、技巧的借鉴与调用，"小说的情节之曲折，戏剧的冲突之激烈，诗歌的动词诗眼之灵动……无所不可拿来一用，只要用得妥帖而又没有越过真实的边界"①。

第三，新闻文体的变迁往往是多种因素"合力"的结果。媒介技术的发展、社会生态环境的变动、公众诉求的移位、文体自洽性的作用等构成了新闻文体演化的重要因素。当代中国报告文学、大特写、特稿、非虚构写作的发展历程，显示的不仅是文体名称的变换，更是各种因素的综合作用，有名记者袁凌指出，"从文学的衰退、新闻的转型和社会独立写作的兴起，各种学科的交融，几个方面的因素合起来就出现了非虚构的东西"②。

**原载《青年记者》2020 年第 5 期（上）**

---

① 南香红，陈丰. 二辨［J］. 南方传媒研究，2009（22）：44-54.
② 刘蒙之，张焕敏. 非虚构何以可能［M］. 北京：中国社会科学出版社，2018：28.

# 后记
# "故事三力"，绽放在金融沉疴之上

如果说刘勇教授赐予本书的跋文从比较客观理性的视角对"非虚构写作"的历史精粹进行了梳理，那么本书的后记似乎应当以更加感性的笔法分享一些写作过程中的思考和感悟，挑灯夜战的时光、灵感乍现的瞬间、审慎明辨的耕耘……就像一场精彩演出的谢幕，虽在最后登场，却能给读者提供一个从不同角度理解作品价值和意义的机会。

然而，我们远远未到可以高枕无忧、畅怀恣意的时刻。金融叙事的困境时刻提醒着我们，关于金融叙事理论与实践的研究遗漏了太多问题。因此，笔者宁愿反其道而行，在后记中进一步予以补充，将故事发现力、故事复原力、故事表达力作为金融叙事的工具呈现给读者。这无疑是一个很好的选择，也是笔者与读者之间的一次心灵对话。

## 一、"金融叙事"的实践意义

明代文学家李东阳提出"言之成章者为文"的观点，意思是"说出来的话只有按照章法组织起来，才能称之为真正的文章"。实际上，立言与立德、立功一直都是中国传统文化强调的人生境界"三不朽"，曹丕更是将"立言"上升到"经国之大业，不朽之盛事"的地位，认为撰写文章是治理国家的重大事业，是流传万代的不朽之事。

每一篇文章背后都有故事，每一则故事也都是文章。人类关于世界的认识和理解就是从故事开始的。故事既能反映公众情绪又能引导公众情绪，故事传递的信息、想法和观点可以鼓振人心、砥砺信仰、凝聚共识。

讲好金融故事更是至关重要。因为金融故事是金融市场重要的信息来源，不仅可以用于预测股价变动，衡量投资者情绪和控制投资风险，而且能够影响公司的决策与投资行为。金融叙事力量无所不在地贯通到人类的生活中。

使用情感叙事来批评和促进公共政策的做法往往会让经济学家感到沮丧，他们看到他们的实证科学经常被强大的叙事所淹没，这些叙事可能等同于也可能不等同于任何实证现实①。谁都无法否认，从社交媒体叙事中能够得出集体情绪状态与道琼斯工业平均指数在时间上存在的相关性，公司产生现金流的

---

① MCBETH M K, TOKLE R T, SCHAEFER S. Media narnatives versus evidence in economic policy making: the 2008-2009 financial crisis [J]. Social Science Quarterly, 2017, 99 (2): 1-16.

能力在很大程度上取决于它为客户讲了多少有价值的故事。故事的好坏优劣关乎社稷兴衰，牵涉千秋功过。

好的金融故事当然有利于形成稳定的经济预期和决策，但如果是坏的、虚假的金融故事呢？当机构或媒体在描述和传播金融事件时误导方向、断章取义或是添油加醋呢？每一种情况都有可能扩散成局部的、共同的认识，影响甚至支配人类的意识和行动。

虽然讲好金融故事甚为重要，但又不得不面对满目疮痍的现实处境。数字符号的艰涩、概念流程的费解、信息策略的多变……长期以来，我们看到的金融故事如同身染顽疾的病患，将枯燥、抽象、易变的症候暴露在我们面前。怎样从金融舆图的草蛇灰线中发现故事？如何从枝繁叶茂的资金往来中还原真实场景？是否可以将金融节奏内化为生命的节奏，表达为社会的节奏？

## 二、金融叙事方法论：从理论到工具

亚当·斯密曾警告人类，通往财富的道路必须有与之相应的利他精神，即将财富与美德结合起来，以防止"为了获得这种令人羡慕的境遇，追求财富的人们时常放弃通往美德的道路"①。这种利他精神反映在叙事中就是确立充满善意与天良的人文金融叙事观，将冷肃、灰暗抑或惊艳、亮丽的金融景观和生命絮语用平实悲悯的笔调表述出来。它是人类在经年累月

---

① 斯密. 道德情操论［M］. 蒋自强，等译，北京：商务印书馆，1997：76.

的金融沉疴之上激浊扬清，重新绽放的老树新芽，必须在战术层面紧密依赖叙述者的故事发现力、故事复原力和故事表达力。

（一）故事发现力：叙事的首要工序

生活并不缺少故事，只是缺少发现故事的眼光。发现故事是叙事活动全过程的基础和保证，如果故事的叙述者丧失了故事发现力，那么叙事活动就无法正常开展，可以说故事发现力是讲好故事必备的基础技能。

顾名思义而推及更远，拥有故事发现力的人善于发人之所未发，见人之所未见，让潜隐不彰的东西"现身问世""昭白天下"，因而一定擅长对复杂纷乱的事物抽丝剥茧、层层剔掘。

这样的叙事者必然充满着对问题的敏感性和好奇心，善于观察新鲜事物，有一种穷根究底揭示事物真实面貌的韧劲与恒心；这样的叙事者必然习惯于对事物进行思考洞察，并在此基础上迅速开挖事物的性质，相互关系和价值，也能够将与核心事实无关的干扰因素迅速剥离。

发现故事重在对细节的发现，必须经过望闻问切的过程，望就是观察，闻就是听，问就是现场访谈，切就是对事件进行综合判断，体现在金融叙事中就是要多看、多听、多问、多思。

面对金融业务中海量的数据符号以及表现出的枯燥、抽象、易变等特征，故事叙事者对信息的敏锐感往往会变得迟钝、滞后。如何从浩如烟海的事实中发现那些被数据掩盖的真相，如何及时察觉和敏锐分辨某个事实有无价值以及价值大小就显得尤为关键。

在寻找故事的过程中，叙事者要灵活切换看待问题的视角，将宏观视角、中观视角、微观视角结合起来分析问题，形成较长的逻辑链条与因果链条，认知事物的当下处境与长期趋势，将各种事实以看得见的形式集中存储，扩展出事实不同维度的价值取向。

需要指出的是，金融行业的日常工作中存在着许多看起来稀松平常的事件，一旦借助联想和感悟，就能将原本看似没有价值或被人们视而不见的故事挖掘出来，从而生产出具有深刻主题的经典作品。比如金融从业者日常的语言表述看起来轻描淡写、一掠而过，但往往蕴含着深刻、新颖、精致的故事点，如果能够仔细品味咀嚼并生发联想，能从中发现精彩的主题。

（二）故事复原力：窥一斑而知全貌

复原，简单说就是恢复原样。残缺的雕塑可以重修旧好，破损的书画可以整饬如初，那么在理论上，发生的事件也可以复原真相。然而，实际情况却并非如此。

对于正在发生的事件，由于受到人类感官的限制，我们往往只能站在某一个角度，某一个时间点去讲述故事，这样的故事往往是静态的、僵化的，无法窥探到事物的深层机理或者随时光流逝而产生的动态进程。

对于一些年代久远的事件，复原故事更是难上加难。当初的发生现场已不复存在，只能根据有限的资料佐证或者同类事件发展的一般规律循迹追踪，将原来的场景在脑海中尽可能地按照原样进行再造。

不管是以上哪种情况，故事还是要讲的，而且要讲好。因此，故事复原力的培养便显得至关重要。复原并不是要恢复得一模一样，而是要尽最大可能趋近真相，哪怕只是掌握了一个点的情况，也能借助一定经验和思维模式，推演出一个面的事实，窥一斑而知全貌。

场景的复原总是离不开真实、具体的画面感。叙述者大脑中要突出表达特定的典型情节和场面，复原与画面有关的颜色、气味、动态……将背景、实物与人物活动有机组合，创造立体化、多侧面、全方位的事件原状。

正是在这个意义上，讲好金融故事应当开掘金融行业现场的、动态的画面，捕捉能够反映事物本身事实细节和富有特征的人物形象，让具体的、可视的、典型的金融现场直接作用于受众的视觉感官，也可以结合叙述者的生活知识理解金融现场，并用自己的语言复述出来，再现当时的细节和情节。

当然，依托事实扩展衍生成小说、电影等故事形态，也能够对真实的金融场景进行反映与升华，甚至可以在小说和电影中援引历史和现实中发生的同类真实事件作比较，让历史案例与观众产生直观、亲切、可体验的共鸣。

金融业是以流动的万千资财利民、裕民、养民、惠民的重要行业。只有对金融活动中的真实场景与"人性幽深"进行复原和书写，才能让目光锁定金融发展的久远光泽，捕捉普罗大众的冷暖悲欢与灵魂沉吟。

（三）故事表达力：心灵的深层连接

讲好金融故事不仅要有敏感的故事发现力和深邃的故事复原力，还要有恰如其分的故事表达力。对事物的表达愈充分，话就能说得愈明白，内容就会写得愈精彩，传播的影响面也就愈大。

这种表达力反映在读者的切身感受上，就是读到一则故事突然间被字里行间的某些语段打动，情不自禁地与故事中散发的思想和情感产生共鸣，衍生出一种如醉如痴、回味无穷的感觉。

表达力的强弱反映在故事技法中就是要看是否注重对画面和细节的描摹？是否注重对人性、人情因素的挖掘？是否注重对人类生存境遇和生活状态的描述？是否能够揭示社会现实状况和未来趋势，捕捉普通人身上闪烁的人性光辉和生命活力？

一般来说，由于受到真实性与客观性的约束，新闻叙事不宜使用带有主观感情色彩的话语，但是这并非一成不变的金科玉律，如果秉承人文金融叙事理念，新闻事实的写作就应当怀揣对商业社会人类的关怀，让读者看到一幕幕有血有肉的经济活动和人物情节，遣词造句中即便出现感情炽烈的语词，也是因事而发，油然而生。

正因如此，以《华尔街日报》体为代表的故事化新闻引领了一种增进"故事表达力"的风尚。《华尔街日报》强调让人物的活动成为故事的主导内容，从某一独特的具体事例写起，经过过渡段落，进入主体部分，叙述完毕后又回到开头的事例。这种写法有利于从小处落笔，向大处开拓，引导读者从个别到一般，从感性到理性地了解事实。

当然，增进故事表达力并不一定局限于《华尔街日报》体那种通篇都是故事的形式，也可以在叙事开头通过故事引入主体，在行文中介绍典型事例，描述场景和情节，展开矛盾，讲述交锋。总而言之，对那些能够表现中心思想的材料详加笔墨，对无关紧要的事实一笔带过。

除了增强新闻的故事性，以电影或小说为代表的故事体裁更需要使用修辞手法来增进故事表达力。"历史小说和电影不属于主流历史，但它们能够很好地帮助我们感受历史并赏析一些推动历史进程的叙事。历史小说家或电影制作人在构建人物对话时依据的是研究工作给予他们的想象和直觉，他们看上去更像是发明家，而不是学者。"[1] 正是这种想象和直觉让金融故事有了多种呈现可能。

例如，金融电影的起因部分可以快镜头跳过，用简洁的语言表达出最直接的信息或主题，故事的经过可以放慢镜头细细写，展现性格各异的金融人物以及他们的人生经历，故事的结尾简短有力，如同雄劲的豹子尾。

增强金融故事的表达力必须认识到金融故事是对商业社会

---

① 希勒. 叙事经济学 [M]. 陆殷莉，译，北京：中信出版社，2020：81.

世事百态的反映和写照，不能仅仅满足于基础数据和信息的传播。对于故事中不得不出现的数字可以通过对比、把数字单位化小等多种方法来实现通俗化。对于晦涩拗口的专业术语，可以将其功能和意义巧妙地隐含在句子中，或者使用一些比喻来引发读者联想。

### 三、金融叙事的全球展望

随着全球化浪潮中的金融市场边界以超乎想象的速度消解，金融叙事也已经超越单纯的话语建构工具，而演变为重塑世界经济格局的观念力量。这种力量既推动着资本要素全球优化配置，也酝酿着前所未有的系统性风险。

当投资者在手机 App 上购买纳斯达克指数基金，当中东主权基金收购欧洲足球俱乐部，当非洲初创企业通过区块链融资，这些看似分散的金融行为背后，实质是全球化金融叙事的深刻重构。

深度渗透金融决策框架的文化价值观，其实就是在无数碎片化的金融叙事力量的共同推动下形成的。未来的全球金融体系，必将是多元价值共存、多层架构嵌套、多极力量平衡的复杂生态系统。在这个系统中，中国机遇不在于简单复制既有模式，而在于构建兼容并蓄的金融话语体系，用东方智慧贡献全球金融治理的新方案。

本书也正是从东西方文明交融的视野中提炼出"人文金融叙事观"，并深入挖掘故事发现力、故事复原力和故事表达力的工具价值，让金融叙事理论能够成为有源头、可操作、能传承的实实在在的东西。

今天，当我们站在历史的风陵渡口回望，能够更加清晰敏锐地觉察到"故事三力"涵盖的丰富内涵，就像悬置在每一位金融参与者头顶的达摩克利斯之剑，时刻提醒着他们应当在叙事实践中淬炼民本情怀并引以为戒，不断提升叙事能力与素养。

"故事三力"是与人文金融叙事观一脉相承的实践利器。通过三种能力的培育与内化，有助于将金融叙事从长期以来营造"财富幻象"的歧路上拨航归正，重塑对人类终极意义上的关怀，让每一个金融好故事都凝聚着从生命絮语中结晶而出的思想，让每一个好故事都能发出启牖行业进步的跫音，在家国兴衰与文明出路的思考实践中鸣声激越。

> 市场风雷漫卷沙，危机暗涌遍天涯。
>
> 常怀赤子忧国意，总忆先贤济万家。
>
> 叙事人文从此定，资金善念绽新花。
>
> 千帆进取唯民本，海阔天高应慎察。

王权

2025 年 5 月 4 日

　　2024 年 7 月由王权所著、企业管理出版社出版的《投资整体观：东西文明互鉴中的 ESG》是关于 ESG 理念本土化研究的重要探索成果，从"天人合一""天下大同""天理法情"（"三天理论"）三个维度分别对应环境、社会、治理，对 ESG 理念进行创造性阐释与扩充，提出了具有中华文明特点的整体投资观，推进中国特色金融文化落地生根。

　　该书将 ESG 理念放置在宽广的学科融合视角下进行全方位解读，着重考察投资实践如何在人与自然、人与社会、人与身心中求取最优解，展现了整体投资的价值理想与现实关怀。